Helmut Fiedler

Only Lu'!

Geschichten und Anekdoten aus dem alten Ludwigshafen

Wartberg Verlag

Bildnachweis:
Titelbild: Ehemaliges Viadukt zum Hemshof um 1960: Stadtarchiv Ludwigshafen
S. 6, 7, 8, 9, 10, 14, 16, 19, 30, 31, 36, 38, 40, 41, 45, 46, 48, 53, 55, 57, 61, 64, 67, 68, 69: Stadtarchiv Ludwigshafen
S. 11, 12, 13: Buchillustrationen von Grete Vautz-Engelmann
S. 47: Thomas Tröster, Mannheim
S. 51, 52, 54: Harry Biebinger, Otterstadt
S. 56, 59: Dr. Werner Ludwig, Ludwigshafen
S. 70, 71, 72, 73, 74, 75: Schullandheim der Stadt Ludwigshafen, Ramsen
Alle übrigen Fotos stammen vom Autor.

1. Auflage 2009

Satz und Layout:
Grafik & Design Ulrich Weiß, Extertal
Druck: Hoehl–Druck Medien + Service GmbH, Bad Hersfeld
Buchbinderische Verarbeitung:
Buchbinderei Büge, Celle

34281 Gudensberg-Gleichen, Im Wiesental 1
Telefon (0 56 03) 9 30 50
www.wartberg-verlag.de
978-3-8313-2066-0

Inhaltsverzeichnis

Vorwort

Weitere Geschichten und Anekdoten aus einer erst 150 Jahre alten Stadt, die angeblich keine Geschichte hat? Ist nicht schon alles erzählt?
„Freiwillig in LU“ steht auf einem Button, den die Fotografin Marlis Jonas unter die Leute gebracht hat. Der gelbe Anstecker war schnell ausverkauft, sodass er neu aufgelegt werden musste. Hier wird sie wieder wahrnehmbar, jene nicht ganz einfache Liebe, die die Ludwigshafener mit ihrer Stadt verbindet. Die scheinbare Unattraktivität unserer Stadt hat Tradition. Schon Mitte des 19. Jahrhunderts, als Ludwigshafen noch ein rheinbayerisches Städtchen war, brachten die oft gegen ihren Willen von München in die Provinz am Rhein versetzten bayerischen Beamten ihren Unmut zum Ausdruck und reimten: „Will Gott einen Mann bestrafen, dann schickt er ihn nach Ludwigshafen.“

Die Reaktionen auf den ersten Band sprechen aber eine andere Sprache. Alteingesessene Ludwigshafenerinnen und Ludwigshafener schwelgten in Erinnerungen; in die Jahre gekommene Leute, die hier ihre Kindheit und Jugend verbracht haben und später in die weite Welt verstreut wurden, schrieben anrührende Briefe. Ludwigshafen ist bis heute ihre Heimat geblieben und wird es bis zu ihrem letzten Atemzug bleiben.
„Freiwillig in LU". Der mit einem Augenzwinkern getragene Anstecker versteht sich als eine Aktion für die Zugezogenen, die Wohnorte nach ihrem Image beurteilen und anderen Städten in der Rhein-Neckar-Region größere Attraktivität zumessen. Der Ruf der Chemie- und Arbeiterstadt wird Ludwigshafen noch lange anhängen. Was aber ist schlecht daran? Freiwillig in LU? Aber ja doch! Für die große Mehrheit der Bürgerinnen und Bürger dieser Stadt ist dies keine Frage. Für sie gilt eher die Aufschrift „Only LU", die ein Ludwigshafener Urlauber im Sommer 2008 an einem Boot in einem Hafen an der italienischen Riviera entdeckt hat.

Nah und fern liegen oft dichter beieinander als wir denken. Das Rheinufer, der Kiefweiher und die Blaue Adria lassen grüßen: „Only LU!"

Helmut Fiedler

Zwischen „Nordpol" und „Südpol" ...

So bewegten sich früher die Ludwigshafener und übrigen Vorderpfälzer, wenn sie mit Kind und Kegel dem Ruf folgten: „Heit' geh' mer in die Schtadt!" Nordpol und Südpol bezeichneten sie als die beiden Punkte, zwischen denen heute der sogenannte Stadtteil Mitte, also das Stadtzentrum lag, nämlich den Hauptbahnhof (Nordpol), und den Bahndamm zur Rheinbrücke (Südpol). Bismarck- und Ludwigstraße waren wie noch heute die Hauptgeschäftsstraßen. Der Hauptbahnhof entstand schon 1847, sechs Jahre vor der Gemeindegründung als Sack- oder Kopfbahnhof. Als zwei Jahrzehnte später eine Brücke das bayerische Ludwigshafen mit dem badischen Mannheim verband, legte man um die Stadt einen großen Gleisbogen zur Rheinbrückenauffahrt und baute am „Südpol" einen Lokalbahnhof. Die Ironie der Geschichte besteht darin, dass an dieser Stelle erst unlängst ein neuer, riesiger Haltepunkt in schwindelnder Höhe für die S-Bahn gebaut wurde, nachdem der 1969 mit Glanz und

Der „Südpol": Lokalbahnhof vor der Rheinbrücke.

Gloria eingeweihte neue Hauptbahnhof unter dem Hochstraßenpylon immer mehr an Bedeutung verloren hatte.

Die Grenzen der Stadt und des späteren Stadtzentrums bildeten also „Nordpol“ und „Südpol“, im Westen die Bahnlinie und im Osten der Rhein, dessen Ufer aber ein Schiffskai und nur an wenigen südlichen Stellen für die Bürger zugänglich war. Der zentrale Platz war von Anfang an der Ludwigsplatz. Im Sommer verdeckte eine Baumallee den Blick zu den Hafenbahngleisen und dem dahinter liegenden Winterhafen, der schon lange nicht mehr existiert und von dem noch die ältere Generation berichten kann.

Der Winterhafen, der noch vor der Stadtgründung bei einem Hochwasser durch einen Einbruch des Rheins entstanden war, wurde in den Jahren 1884–1887 systematisch ausgebaut, war bald mit Lagerhäusern und Ladekränen umstanden und wurde erst im Jahre 1954 zugeschüttet.

Erste Fahrt der „Elektrisch“ vor dem Hauptbahnhof, 1902.

Der Ludwigsplatz daneben, mit dem Ludwigsdenkmal, war auch der Marktplatz und wurde bei der im Frühjahr und Herbst stattfindenden Mess als Rummelplatz genutzt. Die direkt am Winterhafen aufgewachsene Schriftstellerin Hedwig Laudien hat immer wieder bedauert, dass die Schausteller schon nach zwei Tagen ihre Fahrgeschäfte wieder abbauen mussten, da der nächste Markttag bevorstand.

Der alte Hauptbahnhof, der allen älteren Ludwigshafenern noch vertraut ist und der fast in Vergessenheit geratene Winterhafen waren übrigens am 9. Mai 1901 Schauplatz einer der spektakulärsten Unfälle in der Stadtgeschichte. Der Schnellzug „Manteuffel", von Straßburg nach Berlin unterwegs, durchbrach bei der Einfahrt in den Sackbahnhof das Ende der Bahnhofshalle. Die Lokomotive löste sich von den Waggons und stürzte in den Winterhafen.

Die Lok im Winterhafen, 9.Mai 1901.

Winterhafen und alter Hauptbahnhof sind Vergangenheit. Auch das berühmte Viadukt über die vielen Gleise hinüber zum Hemshof gibt es nicht mehr. Als die letzte Straßenbahn hinüberfuhr, ging Oberbürgermeister Ludwig, als Straßenbahnschaffner verkleidet, den Geldwechsler umgehängt, eine Lampe in der rechten und eine Glocke in der linken Hand, voran und sorgte bei den herbeigeeilten Ludwigshafenern für nostalgische Gefühle und Heiterkeit. Wo früher der alte Hauptbahnhof stand, erhebt sich heute das Rathaus-Center, und auf dem schon lange zuvor zugeschütteten Winterhafen entsteht gerade das mit vielen Vorschusslorbeeren versehene Rhein-Center, das neue Kaufkraft an die Stadt binden soll. Fast alle Lagerhäuser sind verschwunden, keine Hafenbahn rumpelt mehr. Das alte Stadtzentrum rückt endlich an den Strom, der Bestandteil seines Namens ist: Ludwigshafen am Rhein.

Die letzte Straßenbahn fährt über das Viadukt. Voran geht OB Werner Ludwig, kostümiert als Straßenbahnschaffner.

Das Haus mit der roten Sandsteintreppe

Erinnerungen von Hedwig Laudien

Die Schriftstellerin Hedwig Laudien, nach der in Oggersheim eine Straße benannt ist, wurde 1884 in Ludwigshafen geboren und starb 1968 in Bad Dürkheim. In einem Buch mit dem Titel „Wo es geistert und raunt" hat sie eine Fülle von Sagen aus Ludwigshafen und der Umgebung erzählt. Im Band mit dem Titel „Von den kleinen Wundern unserer Stadt" können wir eintauchen in das Ludwigshafen um das Jahr 1900 und von Gebäuden, Plätzen und Menschen erfahren, die heute längst Geschichte sind. Da ist die Rede vom alten Ankerhof, von der „Seufzerallee" in Richtung Oggersheim, dem Munnemer Wäldche, der Pferdebahn, dem feurigen Elias oder dem Stromwächter Birsch an der Kaiserwörth. Auch von Ludwigshafener Rheingoldwäschern erfährt man, von Aalfängern, Sackträgern und Rheinflößern, dem ersten Ludwigshafener auf einem Hochrad oder dem Seiltänzer Knie, der auf dem Marktplatz seinen großen Auftritt hatte. Lebendig schildert Hedwig Laudien die Kinderfreuden, wenn wieder einmal Mess' auf dem Ludwigsplatz war und die Kinder von den Eltern ihr Messgeld bekamen. Schon in der Ludwigstraße wurden die Besucher vom Drehorgelgedudel der Bettler in Messstimmung gebracht. Liliputaner ritten auf Ponys, es gab „Hau den Lukas" und jede Menge Zuckerbuden, wo man eine riesengroße Zuckerstange für nur drei Pfennige erstehen konnte. Der Türke mit dem Fes auf dem Kopf bot köstlichen Honig an. In den Schaubuden war eine Riesendame mit Schlange oder ein Feuerschlucker zu bewundern. Im Panorama gab es Gucklöcher, durch die man seine Blicke in die fernsten Erdregionen

Hedwig Laudien, Fotografie aus dem Jahre 1911.

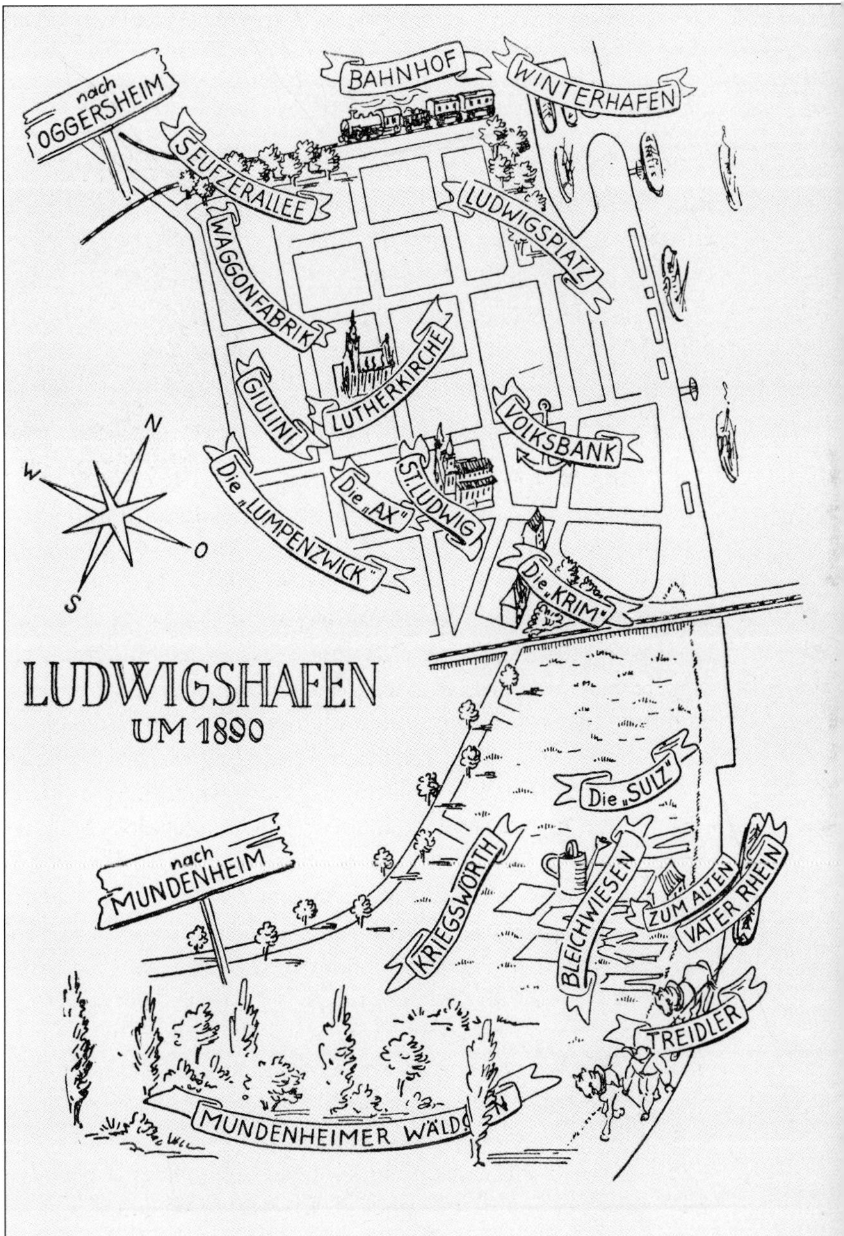
LUDWIGSHAFEN
UM 1890
nach OGGERSHEIM
BAHNHOF
WINTERHAFEN
SEUFZERALLEE
LUDWIGSPLATZ
WAGGONFABRIK
LUTHERKIRCHE
GIULINI
VOLKSBANK
Die „LUMPENZWICK“
Die „AX“
ST. LUDWIG
Die „KRIM“
N
W
O
S
Die „SULZ“
nach MUNDENHEIM
KRIEGSWÖRTH
BLEICHWIESEN
ZUM ALTEN VATER RHEIN
TREIDLER
MUNDENHEIMER WÄLD

schweifen lassen konnte. Der Höhepunkt für die Kinder aber war die Reitschul', wo man in zwei Etagen auf einem Pferd, einem Schwan, einem Schlitten oder einem Nachen sitzen konnte und sich im Kreis drehte. Rechts vom Bahnhof gab's eine Schiffsschaukel, die besonders bei den Matrosen beliebt war. Natürlich fehlte auch der Flohzirkus nicht und ein Moritatensänger, ein Tanzbär oder der Dudelsackpfeifer.

In ihrem Buch „Es war ein Haus mit vielen Fenstern" schildert Hedwig Laudien anschaulich ihre Kindheit, die sie im Haus nahe des Winterhafens verbrachte. Hier betrieb ihr Vater, Karl Ruppenthal, eine Spedition mit einer Agentur der Niederländischen Dampfschifffahrt-Reederei. In diesem Haus erblickte die kleine Hedwig das Licht der Welt.

„Im Comptoir saßen die Angestellten auf hohen Böcken vor einem Pult. Nur unser Vater saß vor seinem Schreibtisch auf einem richtigen Stuhl", erinnert sich Hedwig Laudien und fährt fort: „Eine zweite Tür führte in die große Halle. Uns Kindern war dieser Weg verschlossen. Wir schlüpften über die

Haus der Familie Laudien beim Winterhafen.

Rampen ... in unser Paradies hinein. Wie herrlich konnte man hier „Versteckels“ spielen! Was aber gab es da nicht alles noch in Kisten, Fässern und Säcken! Tinte von Dr. Schwandner, Weinsteinsäure der Firma Benckiser, Kresolen von Dr. Raschig, Farben von der Anilin- & Sodafabrik, Fabrikate von Gulde, Erzeugnisse der Pfälzischen Spritfabrik ... Kork für Grünzweig und Hartmann ...“

Jakob hieß einer der vier Firmenarbeiter. Der ehemalige Hochseematrose spuckte ständig Kautabak. Hedwig Laudien blieb er unvergessen. Sie erzählt: „Der Jakob entdeckte ein ankommendes Schiff immer als Erster. Er klammerte sich am äußersten Pfosten der Landungsbrücke fest und spähte zu Tal. Kaum tauchte der Dampfer an der Hemshofschachtel [der Wassermühle am Hemshöfer Ufer] aus dem Nebel auf, da rief der Jakob: ‚Die Boot kommt!‘. Nun zog er mit Blitzesschnelle die blauweiße Fahne auf und sprang wie eine Eichkatze in den vordersten Kahn der Landungsbrücke. Jetzt bimmelte die Schiffsglocke, das Schiff stoppte, drehte bei, Schaum und Wel-

Hafenszene um 1880.

len stiegen zwischen dem Bock (= Landungsbrücke) und dem Dampfer hoch, das gerollte Tau flog vom Schiff im Schwung in den Kahn der Anlegebrücke, der Jakob zog es ein, bis er die Trosse fassen konnte, hob es über den Pollen und drückte es nieder ... Erst wenn das Schiff ruhig stand, wurde der Steg herübergeschoben."

Einige Seiten später liest man: „Heimweh habe ich mein ganzes Leben lang nach unserem Haus am Rhein gehabt, dem Haus aus Holz mit der roten Sandsteintreppe davor."

Ludwigsplatz und Winterhafen, um 1900.

Der erste Lehrer war ein Hungerleider

Wer sich die Mühe macht, in den Akten des alten Ludwigshafen aus der Zeit noch vor dessen Erhebung zur Gemeinde zu blättern, stößt natürlich auf den Handelsmann Lichtenberger, aber auch auf einen bedauernswerten Mann: den armen Schulmeister Michael Naß.

Die Einrichtung von Schulen und die Besoldung der „Schulmeister" oblag damals nicht dem Land, sondern den Gemeinden. Weil die zunächst nur 90 Menschen zählende Ansiedlung an der Rheinschanze aber auf viele Jahre hinaus bis 1853 noch gar keine selbstständige Gemeinde war, gab es zunächst auch keine öffentliche Schule und keine eigenen Lehrer. Damals galt zwar noch keine Schulpflicht. Trotzdem war es der Wille der Behörden, dass möglichst alle Kinder wenigstens eine Elementarschule besuchten. Im Kanton Mutterstadt, zu dem Ludwigshafen damals gehörte, war dies nicht anders. Wo wurden nun die Kinder der Ludwigshafener Ureinwohner beschult? Die Wohlhabenden beschäftigten einen Privatlehrer oder schickten ihre Kinder über die Brücke ins „Ausland", also nach Mannheim. Die Kinder von den Höfen beim Hemshof gingen seit alters her in Friesenheim zur Schule oder genossen, wenn es sich ihre Eltern leisten konnten, ebenfalls Privatunterricht.

Die Einwohnerzahl des Handelsplatzes am Rhein wuchs in den folgenden Jahren stetig an, litt aber an einer fortwährenden Fluktuation: Handwerkerfamilien mit großer Kinderschar wohnten hier vom Frühjahr bis zum Herbst und zogen dann weiter. Solche Zustände waren den Nachbargemeinden Mundenheim und Friesenheim suspekt. Die im Umkreis als verwildert, faul und frech geltenden Ludwigshafener Kinder hätten einen geordneten Schulalltag und die beschauliche Dorfgemeinde gestört. So ist es nicht verwunderlich, dass sie sich beharrlich weigerten, die Sprösslinge vom Handelsplatz Ludwigshafen in ihre kommunalen Schulen aufzunehmen. Ein in Mundenheim und Friesenheim damals oft gehörter Satz lautete: „Die Bagage könne mer hier nit gebrauche!" Die Folge war, dass viele an der Landungsbrücke wohnende Kinder überhaupt keine Schule besuchten.

Michael Naß stammte aus Landau in der Pfalz und hatte zunächst in Mannheim unterrichtet. 1843 kam er nach Ludwigshafen, wohnte beim Sattlermeister Daniel Jotter zur Miete und verdiente seinen Lebensunterhalt als Privatlehrer. Fünf Jahre später stellte er an höchster Stelle den Antrag, ihm den Elementarunterricht am Ort zu übertragen. Die Voraussetzungen dazu seien gegeben: Die Eltern hätten sich zur regelmäßigen Zahlung des Schulgeldes verpflichtet. Er selbst stelle in seiner Wohnung einen Schulraum zur Verfügung.

Die Antwort ließ nicht lange auf sich warten. Dem „Professor" Naß wurde erlaubt, die Ludwigshafener Kinder „bis zur Herstellung eines öffentlichen Schullokals in dessen Behausung gegen Einziehung der von den Einwohnern zu diesem Zwecke subscribierten Beträge" zu unterrichten.

Diese Vereinbarung hätte der Lehrer Naß besser nicht getroffen, denn sie gereichte ihm nicht zum Wohle. Im Ge-

Mundenheimer Schulklasse um 1860 (vermutlich mit Lehrer Jakob Eyer).

genteil! Sein Ziel, sich irgendwann als Gemeindelehrer einer öffentlichen Schule zu situieren, um seine vielköpfige Familie ernähren zu können, war von Anfang an zum Scheitern verurteilt. Bald musste er feststellen, dass die Eltern ihre Kinder oft erst im Alter von zehn oder zwölf Jahren bei ihm einschulten. „Kinder, die konfirmiert werden, können kaum lesen", jammerte er. Das oft schuldig gebliebene Schulgeld brachte Schulmeister Naß in Existenznot. Die in Ludwigshafen hohen Lebenshaltungskosten und das Mietgeld überforderten bald seinen immer schmaler werdenden Geldbeutel. An einen Nebenverdienst war nicht zu denken, überforderten doch die „verwilderten" Kinder bald seine Kräfte. Bald konnte er die Miete nicht mehr bezahlen, worauf ihn sein Mietherr erbarmungslos pfänden ließ.

Erst bei der nun folgenden Polizeiaktion wurden bei der Behörde die katastrophalen Zustände im Naß'schen Schulraum aktenkundig. Ein Schriftstück erwähnt, dass dieser im Keller lag und so feucht war, „dass der Moder das Papier ergreift und

Erstes Schulhaus in Ludwigshafen neben der Ludwigskirche, erbaut 1862.

sich sogleich beim Eintritt durch den Geruch verrät“. „Naß! Nomen est omen“, mag der Inspektor gesagt haben.

Nun geschah etwas, was im noch immer nicht zur Gemeinde erhobenen Ludwigshafen längst überfällig war: Für die Kinder und Lehrer Naß richtete die Kantonsbehörde Mutterstadt im Herbst 1848 einen öffentlichen Schulraum ein, nämlich „in dem Aerarischen [also staatlichen] Gebäude ohnfern der Rheinbrücke alwo friher das Militär untergebracht war“.

Jenes „Schullokal“ war die erste öffentliche Schule Ludwigshafens und Michael Naß ihr erster Lehrer.

Der arme Dorfschulmeister muss zu diesem Zeitpunkt am Ende seiner körperlichen und seelischen Kräfte gewesen sein, meldete doch das Landkommissariat am 16. Januar 1849 der bayerischen Regierung: „In Ludwigshafen ist seit neun Wochen hier gar keine Schule mehr.“

Unser Fazit muss leider lauten: Der erste Lehrer Ludwigshafens war ein Hungerleider und verdient unser tief empfundenes Mitgefühl. Und wenn in unseren Tagen die Polizei am Vormittag in einem Ludwigshafener Kaufhaus ein paar Schülerinnen und Schüler aufgreift und in deren Schule verfrachtet, dann werden sich die Schulschwänzer wünschen, damals an der Rheinschanze gelebt zu haben, wo man es mit dem regelmäßigen Schulbesuch noch nicht so genau genommen hat.

Von Torfstechern, Wildfängen und Weinbauern in Maudach

Der Stadtteil Maudach an der südwestlichen Stadtgrenze ist eigentlich ein uraltes Dorf. Im Lorscher Kodex wird es in einer Schenkung aus dem Jahre 770 erstmals urkundlich erwähnt. In einer weiteren aus dem Jahre 772 heißt es unter anderem: „... Ich Amanoh' und meine Frau Willeburc schenken ... für das Seelenheil unseres Sohnes Landolf zwei Hubhöfe, 20 Tagwerk und eine Wiese in Mudacher Gemarkung im Speyergau ..."

Andere Bezeichnungen aus jener Zeit lauten Mutaha, Mudahen, Muthach, Mutah oder Mudacheim. Die Namen leiten sich zum einen ab von muha/moder = Schlamm und ach/aha von aqua = Wasser. Maudach war also eine Ansiedlung am Schlammwasser, gelegen am Rande eines versumpften Altrheinarms, ein Umstand, der den späteren Maudacher Torfstechern einen gewissen Wohlstand brachte.

Die Herrschaften im mittelalterlichen Dorf wechselten mehrfach. Das Kloster Weißenburg hatte hier Besitz. Später

Der erste Autobesitzer Maudachs: Pflugfabrikant Büttner, 1910.

baut ein Heinrich von Ruprechtsberg (Ruppertsberg) hier eine Burg, noch später gehörte Maudach als Lehen den Herren von Hirschhorn am Neckar, an deren Herrschaft noch heute die Wappensteine über den Portalen rechts und links des Altars der katholischen St. Michaelskirche erinnern. Für die Dorfbewohner waren es keine leichte Zeiten, hatten sie doch neben den obligatorischen Frondiensten und dem Zehnten jede Menge weitere Abgaben in Form von Naturalien zu leisten. Heute würde man sagen: Die alten Maudacher wurden regelrecht abgezockt.

Die noch heute gebräuchlichen Gewannnamen führen uns auf anschauliche Weise zurück ins Mittelalter. Da gibt es die Lüssgewann, die Erlen, im neuen Teich, im Brühlchen, die Zettelwasen, die Gansweide, Kurzweil, Mittagsweide, Nachtweide, die Krautstücke, im Horst, die Höll', Kinkel, Gänslach, Krummlach, im langen Winkel und die Schelmenzeile. Nicht wenige der alten Gewanne haben sich in den Maudacher Straßennamen erhalten.

Wie viele andere Orte lag nach dem Dreißigjährigen Krieg auch Maudach völlig danieder. Maudacher gab es keine mehr. Zu den wenigen freiwilligen neuen Ansiedlern gesellten sich

Die katholische Kirche in der Von-Sturmfeder-Straße.

zahlreiche sogenannte Wildfänge, die der pfälzische Kurfürst aufgreifen ließ und zwangsansiedelte, um sein verwüstetes Land wieder aufzubauen. Die Namen der ersten Neuansiedler lauten unter anderen Frey, Fauth, Eck, Mohr, Kiehl, Amberger, Büttner, König, Kaiser, Grüner, Nirmaier, Schott, Höflich, Scheuermann oder Magin, noch heute hier und im Umkreis vertretene Familiennamen. Einer, nämlich der in den 1920er-Jahren amtierende Bürgermeister Michael Höflich III, hat es sogar geschafft, dass eine „Straße“ mitten im Ort nach ihm benannt wurde: das schnuckelige Höflichgässchen.

Im 19. Jahrhundert kamen weitere Zuwanderer und sorgten kräftig für Nachwuchs, der noch heute hier wohnt. Schalk, Wenz, Schumacher, Wolf, Scheller, Biebinger, Kuntz und Kummermehr sollen als Beispiele genügen.

Kaum zu glauben aber wahr: Maudach war früher eine Weinbaugemeinde. Die Alte Weinstraße erinnert an jene Zeit. Es gab jede Menge Wingerte, die nach 1700 allerdings wieder in Äcker umgewandelt wurden.

War der Maudacher Wein von guter Qualität? Wir wissen es nicht. Schlechter als der im Dorf Mannheim angebaute wird er nicht gewesen sein. Ein Zeitzeuge, nämlich der im 16. Jahrhundert lebende Dichter Johann Fischart, hat zum Maudacher Wein bemerkt:

„Stark im Geschmack
wirft ein' bald auf den Sack.“

Während der Kurfürstenzeit im 18. Jahrhundert kam das damals überwiegend katholische Maudach zu unrühmlicher Beachtung in der Kurpfalz: Weil die lutherische Minderheit der Dorfbewohner keinerlei freie Religionsausübung genoss, brachen im Jahre 1763 blutige Unruhen im Dorf am Bruch aus.

Doch dies ist lange her. Steht man auf dem sich aus dem Bruch erhebenden Michaelsberg, sieht man unter sich zwei Kirchtürme: den altehrwürdigen der katholischen St. Michaels- und den modernen der protestantischen Martinskirche in unmittelbarer Nachbarschaft. Das früher einmal Trennende ist längst einem Zusammengehörigkeitsgefühl gewichen.

Vom Adelssitz zum Schul- und Gemeindehaus

Das Maudacher Schloss

Der Ludwigshafener Stadtteil Maudach kann etwas vorweisen, was die übrigen, außer Ruchheim, nicht können: ein richtiges Schloss.

Im Umkreis der kurpfälzischen Residenzstadt Mannheim entstanden im 18. Jahrhundert eine ganze Reihe kleinerer Adelssitze. Das Maudacher Schloss wurde um 1700 erbaut. Genaues weiß man nicht. Sein Baustil ist dem Frühklassizismus zuzuordnen, eine Bauweise, wie sie zu jener Zeit üblich war. Fest steht, dass es der kurpfälzische Geheime Regierungs- und Hofkammerrat Karl Ludwig von Maubuisson als Erblehen erhielt. Der Beschenkte erweiterte seinen Besitz durch den

Das Maudacher Schloss heute.

Erwerb von Nebengebäuden und 330 Morgen Ackerland und errichtete im Dorf eine Puder- und Stärkefabrik und damit die erste Fabrik, die es im heutigen Stadtkreis Ludwigshafen gegeben hat.

Wappen der Freiherrn von Sturmfeder am Giebel des Maudacher Schlosses.

Sein Gutsverwalter war Joseph Kieffer, der Vater des geadelten Generals Ludwig Ritter von Kieffer, nach dem eine Straße am Ortsrand der nahen Gartenstadt benannt ist.

Mit kurfürstlicher Erlaubnis veräußerte die zur Witwe gewordene Maria Anna von Maubuisson im Jahre 1790 den gesamten Besitz an die Freifrau Wilhelmine von Seldeneck, die mit dem Markgrafen Wilhelm Ludwig von Baden „zur linken Hand“ verheiratet gewesen war. Der Kauf ging für die horrende Summe von 36000 Gulden über die Bühne.

Schon zwei Jahre später verkaufte die Freifrau das Schloss an den Freiherrn Otto von Gemmingen-Hornberg, der wider Erwarten hier auch seinen Wohnsitz nahm und das Gut ausbaute.

Der vierte Schlossbesitzer wurde Freiherr von Sturmfeder, nach dem eine Maudacher Straße benannt ist und dessen Wappen noch heute das Giebeldreieck der Schlossfassade ziert.

Auch der nächste Schlossbesitzer war ein Adeliger, nämlich Graf Maximilian von Waldkirch. Dann aber war es vorbei mit dem Maudacher Adel, sieht man einmal vom sprichwörtlich gewordenen alteingesessenen „Bauernadel“ ab.

Im Jahre 1842 kaufte die Gemeinde Maudach das Schloss für 21000 Gulden und nutzte es fortan als repräsentatives Schul- und Gemeindehaus; ein erstaunlicher finanzieller Kraftakt für ein inzwischen pfälzisch-bayerisches Dorf, das damals weniger als 800 Einwohner zählte.

Kein Aprilscherz, sondern eine nicht von allen Maudachern bejubelte Realität war die Eingemeindung zur Großstadt Ludwigshafen am 1. April 1938. Die bald 1200 Jahre alte Gemeinde am Rande des Maudacher Bruchs musste damit ihre Selbstständigkeit aufgeben.

Ein Schock war für die Maudacher der schwere Luftangriff auf ihren Stadtteil am 1. Februar 1945, bei dem das Schlossinnere völlig ausbrannte. 1950–1952 wurde es wieder ausgebaut, diente wieder als Gemeindehaus und mit sieben Schulsälen bis zur Fertigstellung der Alfred-Delp-Schule im Jahre 1965 als Schulhaus.

Kein Ludwigshafener Ortsvorsteher residiert seitdem so vornehm wie die Maudacher „Bürgermeister". Die rührige Ortsvorsteherin und „Schlossherrin" Helga Kehl, seit vielen Jahren in Amt und Würden, weiß es sicher zu schätzen.

Nachtrag:
Was hat Maudach mit Mannheim gemeinsam? Sie wissen es nicht? Nun, die Breite Straße, nur dass breit ein relativer Begriff ist, ist doch jene von Maudach so schmal, dass deren Anwohner bei ihrem am Straßenrand abgestellten Vehikel vorsorglich den Seitenspiegel einklappen.

Und dass die Maudacher über ein großes Beharrungsvermögen gegenüber überkommenen Zeitläufen verfügen, zeigt die auch im neuen Jahrtausend noch sogenannte Hindenburgstraße, eine Namensnennung, die dem mitten im Ort wohnenden Landtagsabgeordneten und ehemaligen Ludwigshafener Kulturdezernenten die Haare zu Berg stehen lässt.

In den späten 80er-Jahren zeigte allerdings der Maudacher Karnevalsverein „Die Mondglotzer", dass den Maudachern der Humor mit in die Wiege gelegt ist. Auf dem Maudacher Prunkwagen beim mit Mannheim gemeinsam durchgeführten Fastnachtszug (Motto: „Ä mol hiwwe, ä mol driwwe") schunkelte der Elferrat unter dem Schild mit der Aufschrift:

„In Maudach is die Luft noch gloor,
mir hogge all uf em Kadalysador!"

Ruchheim, der jüngste Stadtteil Ludwigshafens

Hätte es Anfang der 70er-Jahre schon den gelben Anstecker mit dem aufgedruckten Bekenntnis „Freiwillig in LU" gegeben, die allermeisten Bewohner des Ludwigshafener Stadtteils Ruchheim hätten ihn gern am Revers getragen. Im Gegensatz zu den Eingemeindungen in den Jahrzehnten zuvor, gaben die Ruchheimer Dörfler damals von sich aus ihre jahrhundertealte Selbstständigkeit auf und wurden freiwillig Ludwigshafener Stadtbürger.

Die Bewohner anderer in die Industriestadt am Rhein zwangseingemeindeten Orte hatten sich nach 1938 noch lange als Beute gesehen. Der folgende damals populäre und auch heute noch gehörte Spruch „Von Oppau kam das Geld, von Rheingönheim das Feld" macht solche Animositäten anschaulich deutlich.

Die ehemalige Synagoge in der Fußgönheimer Straße 52, heute evangelisches Gemeindehaus.

Die Alternative wäre bei der damals anstehenden rheinland-pfälzischen Verwaltungsreform der Beitritt zu einer Verbandsgemeinde Birkenheide-Fußgönheim-Maxdorf gewesen, ein wenig verlockendes Angebot. Mussten sie schon ihre Selbstständigkeit aufgeben, wurden sie lieber Großstädter. Ihre Altvorderen waren es seit dem Mittelalter gewohnt, dass die adligen und klösterlichen Herrschaften ohne ihr Einverständnis immer wieder wechselten. Das Dorf wurde mal als Lehen vergeben oder verpfändet. Mal herrschten die Grafen von Eberstein, mal die Herren von Leiningen-Hardenberg, mal die Edlen von Hirschhorn, mal eine Dürkheimer Äbtissin oder der Kurbischof von Mainz.

In der Zeit der kurpfälzischen Herrschaft im 18. Jahrhundert führte der Weg von der Haupt- und Residenzstadt Mannheim nach Ruchheim über die Oggersheimer Chaussee, die wegen der zahlreichen Wallfahrer zum Marianischen Gnadenbild in der Oggersheimer Wallfahrtskirche sehr zum Unwillen des Kurfürsten Carl Theodor ständig von Bettelleuten gesäumt war und im Volksmund „Bettelmannsdamm“ hieß. Wenn im Frühjahr die Witwen der umliegenden Dörfer die Feldwege säubern mussten, fanden sie nicht selten die Überbleibsel erfrorener Bettler.

Bald 200 Jahre später erreichte das westlich von Oggersheim liegende Ruchheim in der Zeit der Hamsterfahrten nach Kriegsende 1945 für mehrere Jahre regionale Berühmtheit, war doch für die darbenden Städter bei den vielen Ruchheimer Bauern, die vermeintlich im Schlaraffenland lebten, viel zu holen. Sie fielen in Scharen ein und tauschten hier „non food“ gegen „food“ ein. Das Schlimmste waren aber die Heerscharen von Bettelleuten, Hungerleidern und Dieben, die das Dorf Tag für Tag unsicher machten. Es gab sogar Einbrüche in der Nacht durch organisierte Banden, sodass so mancher Ruchheimer Leib und Leben bedroht sah.

Während des Krieges, als die Männer im wehrfähigen Alter an der Front kämpften, waren hunderte Fremdarbeiter und Kriegsgefangene auf den Bauernhöfen einquartiert worden, die meisten im Bürklin-Wolffschen Hofgut.

Friedlicher gestaltete sich der Zuzug der in den 60er- und 70er-Jahren eingesetzten landwirtschaftlichen türkischen Helfer, die bald ihre Familienangehörigen nachholten und häufig in den aufgelassenen Gehöften einquartiert wurden, die als Aussiedlerhöfe außerhalb des Dorfzentrums neu entstanden.

Die Dorfbevölkerung war schon in den 50er-Jahren durch die neu entstandenen Wohnbauten für Flüchtlinge aus dem Osten „durchmischt" worden. Durch die als Neubaugebiete ausgewiesenen, preisgünstigen Grundstücke verwirklichten sich viele Stadtbewohner ihren Traum vom Eigenheim im Grünen. Der Bevölkerungswandel war unaufhaltsam.

1951 eröffnete Dr. Speck die erste Arztpraxis im Dorf. Zuvor hätte man sagen können:

„Ihr Ruchemer, do hoggder,
ihr habt jo kän Dogder!"

1956 wurde das neue Schulhaus eingeweiht und mit einem Volksbad versehen, denn die allermeisten Ruchheimer besaßen keine eigene Badewanne. Nun zogen im Dorf die neuen Zeiten ein und waren nicht mehr aufzuhalten.

Den malerischen Mittelpunkt bildet das Ruchheimer Schlösschen. Den im Pfälzischen Erbfolgekrieg Ende des 17. Jahrhunderts zerstörten Vorgängerbau erwarb im Jahre 1700 der aus der Schweiz stammende Caspar von Rußicon, baute ein neues „Schlössel" und sorgte für einen Aufschwung des dazugehörigen Hofgutes. Im Jahre 1738 übernahm dann der kurpfälzische Hofkanzler von Hallberg den Besitz, wohnte aber weiterhin im nahen Fußgönheim, wo er sich zuvor ein prachtvolles Schloss hatte erbauen lassen.

Von 1815 bis 1964 war das Hofgut samt Schlösschen im Besitz der Familie Bürklin-Wolff.

Seit der Eingemeindung zur Stadt Ludwigshafen im Jahre 1974 ist im „Schlössel" die Ortsverwaltung untergebracht. „Schlossherrin" ist nun die Ortsvorsteherin Heike Scharfenberger. Vor deren „Residenz" steht der schmucke Paul-Münch-Brunnen, errichtet zum Gedenken an den größten Sohn Ruch-

Das Ruchheimer Schlösschen (Zeichnung von Hanna Forster).

heims, Paul Münch, den bedeutendsten pfälzischen Mundartdichter. Sein Geburtshaus, das ehemalige protestantische Pfarrhaus in der Fußgönheimer Straße 13, heißt Paul-Münch-Haus und beherbergt die Stadtteilbibliothek. In diesem Haus wurde der Dichter am 10. Dezember 1879 als Sohn des Ruchheimer Pfarrers Philipp Münch geboren. Keine zwei Jahre später zog die Familie nach Kusel, nach weiteren zehn Jahren nach Oberlustadt, von wo aus Paul Münch das Gymnasium in Germersheim besuchte. Danach studierte er an der Kunstakademie und der Technischen

Selbstbildnis Paul Münchs.

Hochschule in München und legte das Staatsexamen als Zeichenlehrer ab. Nach mehreren Stationen wirkte er von 1907 bis 1949 als Kunstlehrer an der Oberrealschule in Kaiserslautern und starb am 2. Januar 1950 in Neustadt an der Weinstraße.

Sein literarisches Werk umfasst drei dicke Bänder. Am populärsten wurde seine „Pälzisch Weltgeschicht" von 1909, von der bis 1962 insgesamt 88 000 Exemplare verkauft wurden und die 1931 erschienene „Weltachs", die er in die „Palz" verlegte, wo sie ordentlich zu schmieren ist.

Der berühmteste pfälzische Mundartdichter hat nie vergessen, woher er stammte, nämlich aus „Ruchem in de Palz".

Der Paul-Münch-Brunnen vor dem Ruchheimer Schlösschen.

Brot aus Luft

Carl Bosch: Erfinder, Manager, Mensch

Carl Bosch

Wussten Sie, dass viele Jahre lang in Ludwigshafen ein späterer berühmter Nobelpreisträger gewohnt und gearbeitet hat? Die Rede ist von Carl Bosch, an den noch heute die Carl-Bosch-Straße und das Carl-Bosch-Gymnasium erinnern.

Carl Bosch war ein Neffe des Stuttgarter Industriellen und Erfinders Robert Bosch und stammte aus einer alten schwäbischen Familie. Sein Vater war Installationshändler. Carl Bosch wurde 1874 in Köln geboren. Schon der kleine Carl hatte die Angewohnheit, den Dingen auf den Grund zu gehen, was seine Eltern bei abgehobelten Bettgestellen und zerlegten Nähmaschinen aber nicht immer in Jubel ausbrechen ließ. Die Liebe zur praktischen Arbeit gab er auch nach seinem phänomenalen Aufstieg zum Firmenboss nie auf. Bei einer Abendgesellschaft mit geladenen Gästen in seinem Ludwigshafener Haus stand man um den festlich gedeckten Tisch und wartete auf den Hausherrn. Die Zeit verging. Frau Bosch wurde allmählich ungeduldig. Endlich erschien der Hausherr und erklärte gut gelaunt: „Ja weißt du, die Standuhr steht schon so lange still und da hab' ich sie halt mal auseinandergenommen und schnell repariert."

Nach Abschluss der Oberrealschule machte er ein einjähriges Praktikum in einer Eisenhütte. 1894–1896 studierte er Hüttenfach und Maschinenwesen an der Technischen Hochschule Berlin und 1896–1899 Chemie an der Universität Leipzig, wo der vielseitig Interessierte auch Vorlesungen über Botanik, Zoologie und Mineralogie hörte. Mit dem Abschluss des

Chemiestudiums und der Promotion „summa cum laude“ riet ihm sein Vater von einer akademischen Laufbahn ab und empfahl ihm einen Arbeitsplatz in der chemischen Industrie. Auf die Frage: „Wo willst du hin?“, sagte der junge Berufseinsteiger: „Nach Ludwigshafen zur Badischen Anilin & Soda-Fabrik.“

Dieser Entschluss sollte nicht ohne Folgen bleiben. Der 25-Jährige trat am 15. April 1899 seinen Dienst in „der Anilin“ an. Die Firmenleitung muss bemerkt haben, welchen Edelstein sie da eingestellt hatte, denn nur ein Jahr später bekam der junge Chemiker Dr. Carl Bosch die Aufgabe seines Lebens gestellt: Die Bindung des Stickstoffs aus der Atmosphäre, um daraus Dünger für die Landwirtschaft herzustellen und damit die Ernährung der stetig anwachsenden Menschheit zu gewährleisten.

Um auch außerhalb seiner Dienstzeit bei Bedarf schnell vor Ort zu sein, wohnte der Junggeselle Carl Bosch in dem später abgerissenen viereckigen Wasserturm am Südende der Anilin.

Ein Laboratorium der BASF, um 1900.

Auch nach der Hochzeit mit seiner Frau Else im Jahre 1902 blieb er ein Hemshöfer, denn das junge Paar wohnte im dritten Stock eines Hauses in der Prinzregentenstraße zur Miete, später in einem Haus in der Wöhlerstraße.

„Ich werde das Stickstoffproblem lösen!“, soll er seiner zukünftigen Frau erklärt haben. Doch die Lösung fiel Bosch nicht in den Schoß. Es folgten Jahre voller Elan, die immer wieder durch Enttäuschungen unterbrochen wurden. Die Anilin hatte ihm eine eigene Werkstatt eingerichtet. Wegen des hohen Drucks kam es immer wieder zu Explosionen. Bosch spitzte nach Feierabend die Ohren und eilte ins Werk, wenn er eine Sirene hörte. Inzwischen war Professor Fritz Haber, nachdem seine Versuche in Karlsruhe gescheitert waren, in Verbindung mit der Anilin und Carl Bosch getreten.

Nach Jahren von Fehlschlägen kam im Jahre 1911 dank der technischen Intuitionen von Bosch und der Mithilfe von Alwin Mittasch und Franz Lappe der Durchbruch.

Am 7. Mai 1912 erfolgte der erste Spatenstich zum Bau der ersten Haber-Bosch-Anlage der Welt im damals noch selbstständigen Oppau. Schon am 9. September 1913 nahm die Ammoniakanlage ihren Betrieb auf. Das Oppauer Werk wurde zur Urzelle der Großchemie.

Damit begann Carl Boschs unaufhaltsamer Aufstieg in der BASF. Der erst 39-Jährige wurde zum stellvertretenden Vorstandsmitglied ernannt. Auf sein Betreiben entstand ab 1914 die Landwirtschaftliche Versuchsanstalt Limburgerhof, zu der später der Gutsbetrieb Rehhütte kam.

Der Weltkrieg 1914–1918 bedeutete für Bosch eine jähe Unterbrechung seiner Arbeit. Ins Kriegsministerium nach Berlin einbestellt, gab er sein berühmtes „Salpeterversprechen“. Eine auf dem Firmengelände aus dem Boden gestampfte Großanlage erzeugte riesige Mengen an Salpetersäure auf der Basis von Ammoniak zur Herstellung von Pulver und Sprengstoff, was Bosch und seinen Mitarbeitern großes Kopfzerbrechen bereitete, trugen sie doch damit zur Verlängerung des Krieges mit Millionen von Opfern bei.

1916 wurde Bosch ordentliches Vorstandsmitglied, 1918 erhielt er den Professorentitel.

Am Ende des Krieges war er Vorstandsvorsitzender der BASF und nahm in Paris auf Seite der Besiegten an den Verhandlungen zum Versailler Vertrag teil.

Die dunkelste Stunde seines Lebens war das verheerende Oppauer Explosionsunglück am 21. September 1921, als das in einem Düngemittelsilo gelagerte Ammonsulfatsalpeter das gesamte Ammoniakwerk zerstörte und Tod und Verderben über die umliegenden Stadtteile brachte.

1923 verlegte Bosch seinen Familienwohnsitz von der Wöhlerstraße in Ludwigshafen nach Heidelberg, wo er standesgemäß im Schloss-Wolfsbrunnenweg eine Villa samt Park bezog.

1931 war er am Höhepunkt seines Lebens angelangt: Er erhielt den Nobelpreis für Chemie für die technische Ausgestaltung der Ammoniaksynthese (Haber-Bosch-Verfahren) und die Entwicklung chemischer Hochdruckverfahren/Kohlehydrierung).

Carl Bosch war kein knallharter Kapitalist, ganz im Gegenteil. Schon früh setzte er sich für soziale Reformen ein, förderte den Bau von Werksiedlungen, die Wahl von Betriebsräten, die Mitbestimmung der Arbeitnehmer, die Einführung der Fünftagewoche und die Jahresprämie für alle Belegschaftsmitglieder, die er schon 1925 verwirklichte.

Auch nationalistische Überheblichkeit war ihm fremd. Kurz vor seinem Tod, der Zweite Weltkrieg war kaum sechs Monate alt, sagte er im Familienkreis: „... Sie werden ganz Deutschland zerstören, die Städte, die Fabriken und auch die BASF."

Das entsetzliche Ende hat Carl Bosch nicht mehr erlebt. Er starb am 26. April 1940. Seine Urne wurde auf dem Heidelberger Bergfriedhof an der höchsten Stelle beigesetzt, von wo man einen weiten Blick nach Westen, nach Ludwigshafen hat.

Wie von jedem großen Mann der Menschheitsgeschichte gibt es auch über Carl Bosch eine Menge Anekdoten. Schon eine einzige kann uns den Menschen Carl Bosch ein wenig nahebringen. Der Vogelkundler Ammerbach hat sie erzählt:

„An einem Sonntagmorgen machte ich ornithologische Beobachtungen am Neuhofener Altrhein. Plötzlich ist da ein Plätschern. Im Schilf steht ein Mann. Ärmel und Hosenbeine hat er aufgekrempelt. Er fischt mit einem Netz etwas aus dem Wasser, nimmt es in die Hand und spült es im Wasser sauber. Der Mann schaut zu mir und sagt, strahlend vor Glück: „Eine große Malermuschel“, geht zum Ufer und legt sie behutsam in einen mitgebrachten Blecheimer.

Später hab' ich mich in der Fischerhütte nach dem seltsamen Kerl erkundigt. Und was glauben Sie, bekam ich zur Antwort?

„Was, den Mann kennscht net? Des is doch de Direktor vun de Anilin! Hoscht noch nix vum Bosch g'hört? Der kummt als doher an de Altrhein un fischt noch Muschle un Schnegge!“

Fährt man zum Tor 2 zur Hauptverwaltung der Anilin in der Carl-Bosch-Straße, kommt man an einer Parkanlage entlang der Wöhlerstraße vorbei. Sie gehört zur „Großen Fabrik“, ist aber für jeden zugänglich. Hier im Grünen steht das wohl wichtigste Industriedenkmal auf Ludwigshafener Boden: Auf dem Rasen erhebt sich ein Gebilde, das an einen Ofen denken lässt, fast zehn Meter hoch und mit einem Durchmesser von ca. 1,50 Metern. Die schwarze Röhre wird auswärtigen Firmenbesuchern gern gezeigt, ist sie doch das entscheidende Bauteil von Carl Boschs erster Anlage zur gelungenen Ammoniakproduktion. Zwei Gedenktafeln erinnern an den welthistorischen Durchbruch im Kampf gegen den Hunger und an den Nobelpreisträger Carl Bosch.

BASF-Industriedenkmal beim Tor 2.

BASF

Oppau-Edigheim, das reichste Dorf der Pfalz

Nichts hat die Bürger der umliegenden Gemeinden vor 80 Jahren mehr beschäftigt als die Befürchtung, von Ludwigshafen „geschluckt" zu werden. Raffgierig, so hatte es den Anschein, streckte die erst 1853 wie aus dem Nichts entstandene Stadt ihre Pranken nach ihnen aus.

Doch welche Stadt in Zukunft das Oberzentrum der Vorderpfalz sein würde, war lange nicht entschieden. Ludwigshafen war Favorit, Oppau und Frankenthal die Außenseiter.

Das 1200 Jahre alte Oppau hatte selbst Erfahrungen gesammelt, wie man sich auf Kosten anderer vergrößern und bereichern kann. Das nördlich gelegene Dorf Edigheim, ebenso alt wie Oppau, wurde 1928 von Oppau eingemeindet. Die Forderung der Edigheimer, wenigstens in einem Doppelnamen aufzutauchen, erfüllte sich nicht. Sie wohnten jetzt in Oppau, das nun statt 8000 Einwohner stolze 11 000 und seine Gemarkung bis zur Stadtgrenze zu Frankenthal ausgedehnt hatte.

Im Biergarten des Edigheimer Gasthauses „Zur Krone", um 1900.

Die Edigheimer hatten der Not gehorcht. Längst war ihr Heimatort ein pfälzisches Arbeiterdorf geworden, das wegen der hohen Sozialleistungen immer mehr in die roten Zahlen rutschte und bald hoffnungslos verschuldet war. Die von Frankenthal immer wieder gemachten Angebote zur Eingemeindung lehnte der Edigheimer Gemeinderat ab, war doch allzu offensichtlich, dass es die Frankenthaler vor allem auf ihre Äcker abgesehen hatten, um die Stadt durch einen Kanal an den Rhein anzuschließen. Als die Gemeindekasse trotz Schulden immer leerer wurde, kroch man unter die immer wohlhabender werdende „Glucke" Oppau und wurde, wie es im Eingemeindungsvertrag hieß, „in allen Rechten, Pflichten, Genüssen und Leistungen den Bewohnern von Oppau gleichgestellt."

Die Edigheimer waren nicht irgendeiner Gemeinde beigetreten, sondern dem durch das auf ihrem Grund und Boden stehende Werk der I.G. Farben reichste Dorf der Pfalz. Das nun zu einer mittleren Industriestadt angewachsene Oppau dachte gar nicht daran, sich auf noch so verlockende Ludwigshafener Angebote einzulassen. Im Gegenteil! Die Oppauer hatten selbst Großes vor!

Als Erstes erreichten sie, dass Oppau genau ein Jahr nach der Eingemeindung Edigheims zur Stadt erhoben wurde. Stolz dichtete ein Oppauer in jenen Tagen:

„Drumm hott die Palz nit schlecht geguckt,
Wie neilich sie konnt lese,
Dass Oppa een Schduf ruffgeruckt
Un ‚Schtadt' sich derf jetzt heeße."

Dieser Stolz war nicht unbegründet. Voller Neid blickten damals die umliegenden Städte und Dörfer auf Oppau, das geradezu im Geld schwamm, das über eine für die damalige Zeit hervorragende Infrastruktur verfügte und sich sogar den unvorstellbaren Luxus leistete, die Feldwege zu asphaltieren.

Fortan wurden im Oppauer Stadtrat große Dinge angedacht. Allen Frankenthaler und Ludwigshafener Eingemeindungsplänen sollte nun endgültig ein Riegel vorgeschoben werden. Schon im Jahre 1930 machte man Nägel mit Köpfen. Der Stadtrat verabschiedete einen „Generalsiedlungsplan". Man höre und staune: Bei der Umsetzung dieses Planes wäre die Stadt Oppau am Ende größer gewesen als Ludwigshafen und

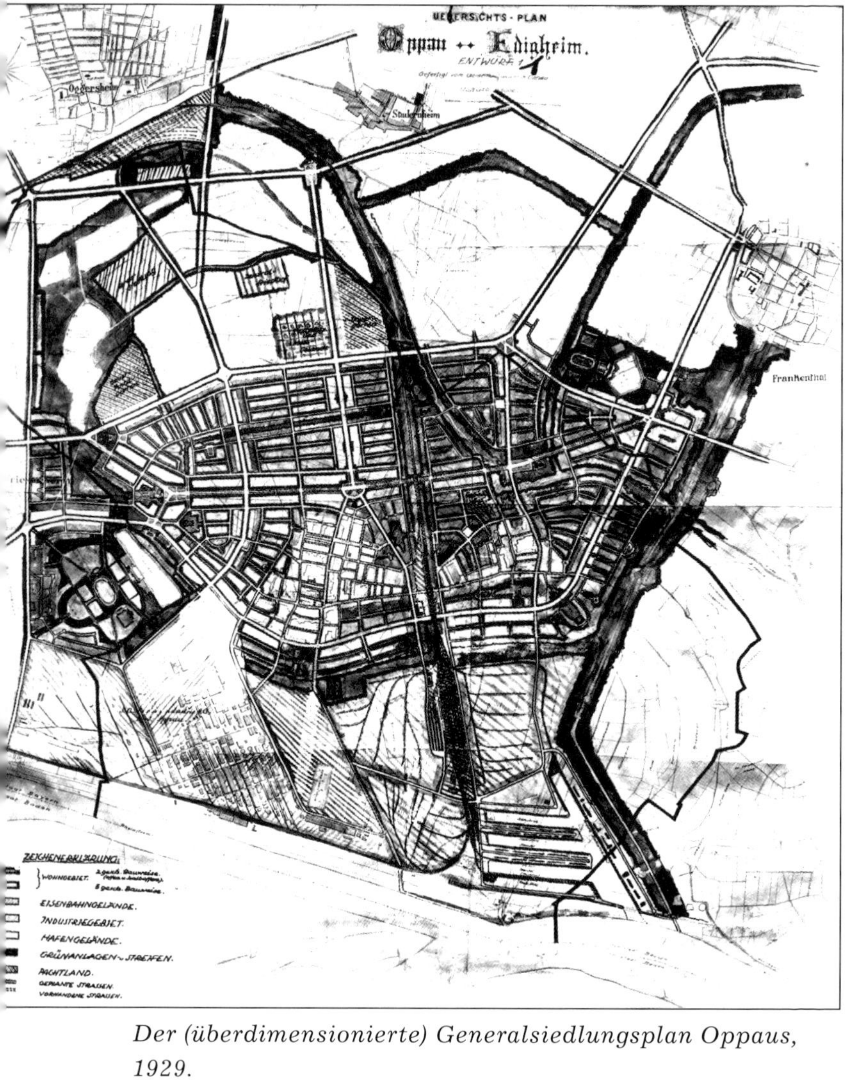

Der (überdimensionierte) Generalsiedlungsplan Oppaus, 1929.

Frankenthal zusammengenommen. Und ein Oppauer Ratsherr trat die Flucht nach vorn an und wetterte: „Nach meiner Ansicht ist nicht etwa die Eingemeindung Oppaus nach Ludwigshafen vordringlich, sondern die Eingemeindung Ludwigshafens nach Mannheim!"

Doch bald schon holte die Wirklichkeit die von einer neuen Großstadt am Rhein namens Oppau träumenden Stadträte auf den Boden der Tatsachen zurück. Es folgte die Wirtschaftskrise und die NS-Diktatur. Die Karten wurden neu gemischt. Bei einer Weigerung, ein Stadtteil Ludwigshafens zu werden, drohte man mit der Abtrennung des Chemiewerks und der Abtretung von Edigheim. Oppau zog seinen letzten Trumpf: Kleinlaut bot es Ludwigshafen Geld und kleinere Gebietsabtretungen an. Doch die Politik wurde von anderen gemacht, nämlich von Gauleiter Bürckel und dem Münchner Reichsstatthalter Ritter von Epp, die die Eingemeindung längst entschieden hatten.

1938 wurde Oppau ein Stadtteil von Ludwigshafen, gleichzeitig mit Rheingönheim, Oggersheim und Maudach, und Ludwigshafen war von einem auf den anderen Tag dreimal größer als zuvor und reichte weit nach Norden bis an die Stadtgrenze von Frankenthal. Die so groß angedachte Zukunft von Oppau zerplatzte wie eine Seifenblase.

Die geschlagenen seelischen Wunden der Oppauer und Edigheimer heilten nur langsam. Ausgerechnet im Jahr 1953, dem 100-jährigen Jubiläum von Ludwigshafen, starteten die Oppauer einen letzten Versuch, um ihre verlorene Selbstständigkeit doch noch zurückzuerlangen. Ihr Verhältnis zu Oberbürgermeister Valentin Bauer war zum Zerreißen gespannt. Ein „Ausschuss für die Wiederherstellung der kommunalen Selbstständigkeit von Oppau" ermittelte eine Befürwortung der Oppauer Bürger von 70 %. Aber alle Versuche einer Ausgemeindung blieben am Ende erfolglos.

Doch auch hier gilt: „Die Zeit heilt alle Wunden." Die Zugehörigkeit zu Ludwigshafen am Rhein ist für die Oppauer heute so selbstverständlich und sicher wie das Amen in der Kirche.

„De alde Palzbau"

Jede Stadt hat eine „gute Stube" als Ort für öffentliche Veranstaltungen. Diese „gute Stube" war und ist in Ludwigshafen der Pfalzbau, den es in der Stadtgeschichte dreimal gegeben hat: Vor dem Zweiten Weltkrieg den alten, nach 1945 den schwer zerstörten und wiederaufgebauten und schließlich seit 1968 den neuen Pfalzbau.

Die ältere Generation kennt ihn noch, den alten Pfalzbau, jenen Klotz an der Rheinbrückenauffahrt nach Mannheim. Er wurde im Jahre 1928 im Stil der „neuen Sachlichkeit", aber doch mit einer schön geschwungenen Fassade zum Jubiläumsplatz (später Berliner Platz) hin in Rekordzeit errichtet und war der Stolz der Industriestadt am Rhein. Nach dem Willen des Stadtrates und der Stadtverwaltung sollte hier nicht nur „ein Kintopp" entstehen, sondern ein weit in die Region ausstrahlender Kultur-, Veranstaltungs- und Unterhaltungspalast. Kein Wunder also, dass schon am 11. Oktober 1928 das Ensemble des Mannheimer Nationaltheaters über den Rhein kam und die Ludwigshafener mit Puccinis populärer Oper „Madame Butterfly" beglückte.

Der Pfalzbau im Jahre 1930.

Mit dem Bau des Pfalzbaus erhielt die Stadt mit dem integrierten „UFA-Palast" eines der größten und prächtigsten Großkinos weit und breit. 1400 Besucher fanden darin Platz.

Den Luftangriffen der Alliierten fiel auch der Pfalzbau zum Opfer. Der damals 14 Jahre alte Harry erzählt noch heute: „Ein riesiges Plakat mit der Aufschrift ‚Der weiße Traum' hing über dem Pfalzbau-Portal, Titel des großen Eisrevuefilms, der gerade auf dem Programm stand. Ich seh's noch vor mir. In der Nacht fielen die Bomben, und der Pfalzbau ist schwer getroffen worden und ausgebrannt. Aus war's mit dem weißen Traum. Wir rannten damals zum Tiefbunker unter dem Vorplatz, wo wir sicher waren. Einige hatten weniger Glück. Sie wurden kurz vorher von einer umstürzenden Mauer der Ludwigskirche begraben und starben." Der Pfalzbau war nach 1945 eines der ersten Gebäude, das wiederaufgebaut wurde.

Das zweitgrößte Kino der Stadt war das „Rheingold" in der Prinzregentenstraße im Hemshof. Ein heute über 80 Jahre alter Ludwigshafener erinnert sich: „Im ‚Rheingold' war ich oft. Den Bomben-Voralarm hat der Filmvorführer auf der Leinwand angezeigt, sodass sich die Kinobesucher in Sicherheit bringen

Alter Pfalzbau, Eingang zum Kino in der Ludwigstraße, 50er-Jahre.

konnten. Einmal ist ganz in der Nähe ein Haus getroffen worden und alle sind aus dem Kino gestürzt zum Bunker. Nach der Entwarnung kamen sie wieder zurück und der Film lief weiter. Hätt' ich damals gewusst, dass das ‚Rheingold' bis zum Kriegsende heil bleiben würde, wär' ich hogge gebliwwe."

Rheingold-Plakat von 1946.

Das wie durch ein Wunder unzerstört gebliebene Kino wurde nach 1945 zum Ausweichquartier für öffentliche Veranstaltungen aller Art. Es war mit Abstand das größte Kino in der damaligen französischen Besatzungszone. Sein schön gestaltetes Innere hatte 1200 Sitzplätze und diente noch bis 1952 als Kultur- und Veranstaltungssaal der Stadt. Schon Ende 1945 gab es im „Rheingold" die erste Theaterveranstaltung nach dem Krieg. Es folgten im ständigen Wechsel Gesangsabende, Konzerte und Varietéshows.

Im alten Pfalzbau, von dem nur noch das Foyer heilgeblieben war, wurden der Kinosaal und der kleine Saal zuerst fertiggestellt. Im Pfalzbaukino liefen schon 1948 (natürlich von der französischen Besatzung genehmigte) Filme. Die Ludwigshafener zeigten allerdings französischen Filmen meist die kalte Schulter, während es bei amerikanischen Filmen oft reine Glückssache war, wenn man noch eine Eintrittskarte ergattern konnte. Im Elend der Nachkriegszeit war es in Ludwigshafen wie in allen anderen deutschen Städten: Im Kino konnte man wenigstens für 1 ½ Stunden den Nöten des Alltags entfliehen.

Der wiedererstandene Pfalzbau wurde in den nun folgenden Jahren als Veranstaltungsort für Theater, Konzerte, Kongresse, politische Kundgebungen und Fastnachtsveranstaltungen genutzt. Bis in die 60er-Jahre waren die legendären Fastnachtsbälle Anziehungspunkte für Leute links und rechts des Rheins. Auf vier Tanzflächen sorgten vier Tanzorchester für Stimmung unter den Jecken. Diese Bälle waren damals die Highlights in Ludwigshafen. Vor dem Haupteingang war das Garten-Café, wo man in der Sonne sitzen konnte und zum Jubiläumsplatz und die Ludwigstraße hinunterblickte. Hier tat sich in den folgenden Jahren so manches.

Rund um den Jubiläumsplatz, am „Südpol", wollte die Stadt neue Akzente setzen. Das Stichwort in den im Stadtrat geführten Diskussionen lautete: eine neue „Visitenkarte der Stadt". Man plante den Abriss des alten Kaufhofs und die Errichtung eines neuen. Der alte Pfalzbau sollte abgerissen und an anderer Stelle ein neuer gebaut werden. Am westlichen Rand sollte ein Rathochhaus entstehen und zum Symbol für ein neues, selbstbewusstes, modernes Ludwigshafen werden. Dann wurden Nägel mit Köpfen gemacht. Der bis heute von den Ludwigshafenern nur „Tortenschachtel" genannte kreisrunde Kaufhof entstand neben dem Ankerhof und war lange Zeit dank des zentralen Knotenpunktes des öffentlichen Nahverkehrs der quirligste Ort der Stadt. Der neue Pfalzbau wurde zwischen Kaiser-Wilhelm- und Wredestraße gebaut und der alte Pfalzbau mit einem lachenden und einem weinenden Auge abgerissen. Am Planungsort für das Rathochhaus entstand allerdings das Mosch-Hochhaus, während nach der Bahnhofsverlegung am „Nordpol" das Rathaus-Center hochgezogen wurde, das seitdem im obersten Stockwerk in schwindelnder Höhe den Oberbürgermeistern einen fulminanten Rundumblick auf ihre Stadt gewährt.

Dass die „Tortenschachtel" inzwischen ein jämmerliches Bild bietet und der neue Pfalzbau derzeit geschlossen und nach einer aufwendigen Sanierung bald wieder eröffnet wird, ist eine andere Geschichte. Es zeigt aber, dass gerade in Ludwigshafen der Spruch gilt: „Es gibt immer was zu tun!" Und unverbesserliche Nostalgiker werden in Zukunft immer seltener hören: „Es war doch schä im alde Palzbau!"

Das dunkelste Kapitel der Stadtgeschichte

Das Entsetzen muss noch heute jeden Ludwigshafener überkommen, wenn er Einzelheiten vom schrecklichen Schicksal der jüdischen Mitbürger in der Zeit der nationalsozialistischen Herrschaft zwischen 1933 und 1945 erfährt. Die in den letzten Jahren allenthalben im Stadtgebiet gesetzten „Stolpersteine" sind ein Versuch, die vielen namenlosen Opfer der Vergessenheit zu entreißen.

Vor der nationalsozialistischen Machtergreifung hatte die jüdische Gemeinde in Ludwigshafen rund 1400 Mitglieder. Ihre Hauptsynagoge stand in der Kaiser-Wilhelm-Straße.

Schon unmittelbar nach Regierungsantritt machten sich die neuen Machthaber an die sog. „Säuberung" der Ludwigshafener Verwaltung, Justiz und Gesundheitsbehörde. Als Erstes wurden die jüdischen Ärzte aus dem städtischen Gesundheitswesen „entfernt". Verwaltungsbeamte jüdischer Herkunft wurden ihrer Ämter enthoben, jüdische Lehrer entlassen. Bekannt geworden ist die systematische Diskriminierung des Dr. Adolf Wetzlar, Studienrat an der städtischen Oberrealschule. Die NSDAP inszenierte eine Hetzkampagne und rief zu einer Demonstration gegen den Pädagogen auf, an der sich über 1000 Schüler, die Hitlerjugend und Eltern beteiligten. Der Erfolg ließ nicht lange auf sich warten. Dr. Wetzlar wurde aus dem Schuldienst entlassen.

Der Druck auf die jüdischen Mitbürger kam von oben. Gauleiter Bürckel hatte den Ehrgeiz, seinem Führer Adolf Hitler die Pfalz als ersten „judenfreien Gau" im Deutschen Reich zu melden.

Schon im März 1933 wurden die sog. „Ostjuden", die keine deutsche Staatsbürgerschaft besaßen, nach Osten abgeschoben. „Arische Familien" bezogen daraufhin ihre Wohnungen.

Unter dem Slogan „Kauft nicht bei Juden!" folgten die Boykottaufrufe gegen die jüdischen Geschäfte und Kaufhäuser, die in der Zeit der französischen Besatzung Anfang der 20er-Jahre die Bismarck- und Ludwigstraße zu einem Einkaufsmagneten für die Vorderpfalz gemacht hatten. Sie wurden Zug um Zug enteignet und in „arischen Besitz" überführt. Dabei soll sich manch „arischer" Ludwigshafener Stadtobere nicht unwesentlich bereichert haben.

Die Folge war, dass immer mehr jüdische Mitbürger, die es sich finanziell leisten konnten, ihre Flucht ins Ausland organisierten. Bis 1938 hatte sich die jüdische Gemeinde der Stadt um die Hälfte auf rund 700 Mitglieder reduziert, denen ein entsetzliches Schicksal bevorstand.

Es folgte die Pogromnacht vom 9. auf den 10. November 1938, in der die Nazi-Schergen auch in unserer Stadt wüteten: Die jüdische Stadtsynagoge in der Kaiser-Wilhelm-Straße wurde nicht etwa von „erregten Volksmassen", sondern von Ludwigshafener SS-Sturmbann-Männern angezündet und brannte

Abbruchharbeiten an der Synagoge nach der Reichspogromnacht 1938.

bis auf die Grundmauern nieder. Die jüdischen Männer wurden verhaftet und unter den Klängen des Liedes „Muss i denn zum Städtele hinaus“ zur Bahn getrieben und ins Konzentrationslager Dachau abtransportiert. Ihre Frauen und Kinder trieb man zusammen, verfrachtete sie über den Rhein auf die Mannheimer Rheinwiesen und setzte sie dort aus.

Danach kam das jüdische Leben in Ludwigshafen zum Erliegen. Der 22. Oktober 1940 zählt zu den dunkelsten Kapiteln der Stadtgeschichte. Am frühen Morgen wurden die noch immer in der Stadt und im Umland Ausharrenden, von der übrigen Bevölkerung weitgehend unbemerkt, durch die Gestapo zum Schulhof der Maxschule gebracht. Man geleitete sie, unter ihnen 138 Ludwigshafener, zur Bahn und brachte sie, zusammengepfercht wie Vieh, ins südfranzösische Gurs. Einige der Alten, Frauen und Kinder aus Ludwigshafen überlebten schon diesen Transport nicht, viele starben im Lager, einigen gelang die Flucht, 80 wurden zwei Jahre später in Konzentrationslager nach Osten transportiert – 42 überlebten den Holocaust. Eine Gedenktafel im Schulhof der Maxschule erinnert an das dunkelste Kapitel der Ludwigshafener Stadtgeschichte.

Deportation der im Hof der Maxschule in Ludwigshafen zusammengetriebenen jüdischen Mitbürger nach dem südfranzösischen Gurs.

Den Brandstiftern der Synagoge in der Kaiser-Wilhelm-Straße wurde 1950 vor dem Frankenthaler Schwurgericht der Prozess gemacht. Sechs Männer wurden zu 1- bzw. 1½-jährigen Zuchthaus- und Gefängnisstrafen verurteilt. Die Verfahren gegen acht weitere Täter wurden unter Berücksichtigung ihrer vorangegangenen Internierung eingestellt.

Im Jahre 1973 brachte die Stadtverwaltung am ehemaligen Standort der Ludwigshafener Hauptsynagoge eine Gedenktafel an. Die Inschrift lautet:

„Hier stand die Synagoge der jüdischen Gemeinde. Sie wurde am 26. Mai 1885 eingeweiht und in der Nacht vom 9. zum 10. November 1938 durch verbrecherische Intoleranz des Nationalsozialismus zerstört. Die Untat mahne, Terror und Unmenschlichkeit für immer zu verbannen!"

Gedenktafel im Hof der Maxschule.

Gedenkveranstaltung im Januar 2009 im Hof der Maxschule.

Marcus Sternlieb, ein Ludwigshafener Stadtbaumeister jüdischer Herkunft

Wohl keiner der Leiter des Städtischen Hochbauamtes hat dem modernen Ludwigshafener Stadtbild so bleibend seinen Stempel aufgedrückt wie Marcus Sternlieb. Unter seiner Ägide entstanden u. a. der Rote und Grüne Hof in der Gartenstadt, die Ebertsiedlung, die Westend- und Christian-Weiß-Siedlung und der damalige Hindenburg- und heutige Ebertpark, die heute fast alle unter Denkmalschutz stehen.

Sternlieb war nicht nur Stadtbaudirektor, sondern auch Leiter der Wohnungsbaugesellschaft GAG. Bereits während seiner Studienzeit war er als Planrevisor im Ludwigshafener Bauamt tätig, wo er nach seinem 1911 erworbenen Architektendiplom als „inoffizieller Leiter" kurz vor Ausbruch des Ersten Weltkrieges der antisemitischen Hetze der Ludwigshafener Medien ausgesetzt war.

Marcus Sternlieb machte trotzdem in Ludwigshafen Karriere, stieg 1920 zum Oberbaudirektor auf und verschrieb sich

Marcus Sternlieb an seinem Schreibtisch in der GAG-Zentrale, 1920er-Jahre.

dem kommunalen Wohnungsbau. Dabei erhob er für sich den Anspruch, nicht nur schön, sondern auch so zu bauen, dass sich die Lebensqualität der Menschen verbesserte. Der unter Diskriminierung und dem Heraufziehen des nationalsozialistischen Unheils leidende Stadtdirektor trat Ende des Jahres 1932 in den Ruhestand. Nach dem Machtantritt der Nazis wurde er aus dem Aufsichtsrat der GAG ausgeschlossen. Ende 1934 starb er an Nierenversagen, wobei die Gerüchte über Selbstmord oder gar Mord unter seinen damaligen Mitarbeitern nie ganz verstummten. Marcus Sternlieb wurde auf dem jüdischen Friedhof in Ludwigshafen zu Grabe getragen.

Seine Ehefrau erlebte während der Pogromnacht 1938 die Zerstörung ihrer Wohnung und am 22. Oktober 1940 den Abtransport nach Gurs. Ihre rechtzeitig in die USA emigrierten Töchter konnten sie von dort befreien und zu sich holen.

Der „Rote Hof" in der Gartenstadt heute.

Das „Wunder nach dem Krieg"

Sportstadt Ludwigshafen

Als die deutschen Männer um 1900 den Freizeitsport entdeckten, gab es auch in Ludwigshafen kein Halten mehr. Im damals noch viel kleineren Stadtgebiet hatten sich über 50 Turn-, Fecht-, Schützen-, Ruder-, Radfahrer- und Athletenvereine etabliert.

Die wohlhabenden Bürger bevorzugten Schießen, Fechten, Tennis, Rudern, Schlittschuhlaufen, Bergsteigen und Turnen, also Sportarten, die wegen der benötigten Ausrüstung mit finanziellen Ausgaben verbunden waren. Die Arbeiterdomänen waren Gewichtheben, Ringen, Faustball, Handball, Fußball und Rad fahren. An der alten Landstraße nach Friesenheim entstand seinerzeit die Friesenheimer Radrennbahn.

Sportliche Erfolge ließen nicht lange auf sich warten. Nach den Olympischen Spielen 1912 in Stockholm gab es für die Goldmedaillengewinner des Vierers mit Steuermann vom Ludwigshafener Ruderclub am Hauptbahnhof einen triumphalen Empfang mit anschließendem Festzug durch die Stadt. Die Sportbegeisterung der Ludwigshafener war nicht mehr zu bremsen. Ab 1919 erschien sogar zweimal in der Woche eine Sportzeitung. Die Mitgliederzahlen in den Vereinen schnellten in ungeahnte Höhen. In den 20er-Jahren kam es zu vielen weiteren Vereinsgründungen. Publikumsmagneten waren Handball, Hockey und Faustball, mehr und mehr aber der Fußball, wobei der Sportverein „Phönix Ludwigshafen" damals den klangvollsten Namen hatte.

Die erfolgreichsten Sportler jener Zeit waren aber die Ringer. Der Schwergewichtler Georg Gehring, in Ludwigshafen nur „der Schorsch" genannt, stieg ab 1925 zum absoluten Star auf. Hier kannte ihn jeder. 1925 wurde er zum ersten Mal deutscher Meister und verteidigte seinen Titel bis 1932. Europameister 1926 und 1928, Bronzemedaillengewinner bei der Olympiade 1932 in Los Angeles und hier Fahnenträger der deutschen Mannschaft waren weitere Stationen seiner Karriere.

Die Friesenheimer hatten damals (wie auch heute noch) die besten Handballer. Der TV wurde 1929 und 1930 Deutscher Meister.

Die besten Turner waren in Oppau zu Hause. Der im Jahre 1889 gegründete Turnerbund stieg 1906 in die I. Klasse auf und brachte einen absoluten Spitzenturner hervor, der in den 50er- und 60er-Jahren Oppau als Turnerhochburg in ganz Deutschland und darüber hinaus bekannt machte: Philipp Fürst. 1957 errang er drei Titel bei den deutschen Meisterschaften und gewann 1964 in Tokio die Bronzemedaille im Mannschaftszwölfkampf. Insgesamt holte Fürst 21 deutsche Meistertitel.

Dass die Stadt in den 50er- und Anfang der 60er-Jahre einmal eine Fußballhochburg war, ist für die jüngeren Ludwigshafener kaum noch vorstellbar, entspricht aber den Tatsachen.

Seit 1940 stand das Ludwigshafener Stadion an der Mundenheimer Straße und war die Heimstätte des alten Ludwigshafener Traditionsclubs „SV Phönix 04". Der Initiator der Idee,

FCK-Fans auf dem Weg zum Südweststadion in der Mundenheimer Straße. Im Hintergrund: Die Stahlrohrzusatztribünen.

dieses Stadion durch das Auffüllen der Ränge mit Trümmerschutt zu einem Großstadion zu machen, war Karl Fahrbach, Phönix-Vereinsvorsitzender und Erster Vorsitzender des Südwestdeutschen Fußballverbandes. Fahrbach, schon seit 1910 Vereinsmitglied, war ein „Macher" und griff in der Not schon mal zu unkonventionellen Mitteln. Als einige seiner Spieler im französischen Besatzungsgefängnis einsaßen, weil sie bei der Carepakete-Verteilung etwas für sich selbst beiseite geschafft hatten, bürgte Karl Fahrbach für seine Spieler, sodass sie für die Sonntagsspiele je einen Tag Hafturlaub bekamen. Als seine Phönix 1946 in arge Abstiegsnot geriet, gelang es ihm, für kurze Zeit den späteren Nationalspieler Fritz Balogh von VfL Neckarau zu verpflichten. Phönix gewann wieder und blieb erstklassig.

Im Jahre 1950 war Fahrbach am Ziel. An der Mundenheimer Straße war das Südwest-Stadion entstanden, eines der größten im damaligen Deutschland, mit einem Fassungsvermögen von fast 90 000 Zuschauern.

Fritz und Ottmar Walter im Südweststadion.

Fritz Walter vom 1. FCK auf dem Weg zum Empfang im Ebertpark im Juni 1953.

Die Fertigstellung des Südwest-Stadions wurde in Ludwigshafen damals als „das Wunder nach dem Krieg“ bezeichnet und war ab Anfang der 50er-Jahre regelmäßiger Austragungsort der Spiele um die Deutsche Fußballmeisterschaft des 1. FC Kaiserslautern, dessen Stadion auf dem Betzenberg für solche Top-Spiele viel zu klein war.

Am 20. Mai 1951 fand im Südwest-Stadion z. B. das Schlagerspiel 1. FC Kaiserslautern gegen Schalke 04 statt. Nach dem gewonnenen Endspiel in Berlin fuhr der glorreiche deutsche Fußballmeister in einem viel umjubelten Autokorso durch Ludwigshafen. Der Empfang in Kaiserslautern folgte erst danach.

Auch nach dem Gewinn der zweiten Deutschen Meisterschaft 1953 fand eine Triumphfahrt durch Ludwigshafen statt. Im Mittelpunkt stand natürlich Spielführer Fritz Walter. Die Treue der Ludwigshafener Fußballfans zu ihrem 1. FCK war sprichwörtlich und hat bis zum heutigen Tag angehalten.

Das Südwest-Stadion war „das Wunder nach dem Krieg“ für Ludwigshafen, für ganz Deutschland war es dann 1954 das „Wunder von Bern“, als der mit fünf FCK-Spielern bestückte krasse Außenseiter unter dem Mannheimer Trainer-Fuchs Seppl Herberger Fußballweltmeister wurde und gerade in Ludwigshafen Begeisterungsstürme auslöste. Das Endspiel am 4. Juli 1954 wurde im Deutschen Fernsehen übertragen, doch waren damals in ganz Ludwigshafen nur 139 Fernsehapparate gemeldet. In den Wirtschaften und vor den Schaufenstern der Radiogeschäfte drängten sich die Menschen. Die meisten aber saßen an den Radiogeräten und jubelten, als „Boss" Helmut Rahn das kaum noch für möglich gehaltene 3:2 schoss. Da dieser Tag mit dem Parkfest zusammenfiel, wurde anschließend kräftig gefeiert. Das Gefühl „Wir sind wieder wer" erfasste auch die Ludwigshafener. Dass die frisch gebackenen Lauterer Fußballweltmeister bei einem Autokorso durch Ludwigshafen frenetisch gefeiert wurden, muss hier nicht mehr erwähnt werden – Fritz und Ottmar Walter, Werner Liebrich, Horst Eckel und Werner Kohlmeier waren längst in den Ludwigshafener Fußballolymp aufgestiegen.

Auch Ludwigshafener Fußballvereine hielten sich damals achtbar in der vom 1. FCK und FK Pirmasens dominierten 1. Liga Südwest wie etwa Phönix, Tura und der BSC Oppau. Doch in den 60er-Jahren erfolgte der unaufhaltsame Niedergang und hat bis heute angehalten. Ludwigshafen ist keine Fußballhochburg mehr. Daran konnte auch der derzeitige Ludwigshafener „Spitzenclub" FSV Oggersheim, der sich in der viertklassigen Regionalliga West wacker schlägt, nicht viel ändern.

Die Fans pilgern nach Westen, zu ihrem FCK auf den Betzenberg.

Die fünf FCK-Spieler der Weltmeister-Elf von Bern 1954. Von links: Werner Kohlmeier, Ottmar Walter, Horst Eckel, Werner Liebrich und Fritz Walter.

Die „Ära Ludwig“ in Ludwigshafen

Wohl keine andere deutsche Stadt hat einen Oberbürgermeister gehabt, der so hieß wie seine ihm anvertraute Stadt, außer Ludwigshafen mit seinem langjährigen Oberbürgermeister Dr. Werner Ludwig. Den Bürgern wuchs er in seiner 28 Jahre währenden Amtszeit ebenso ans Herz, wie die Stadt ihm. Für seine 1997 erschienene Autobiografie mit dem Titel „Unterwegs“ schrieb der Stuttgarter Oberbürgermeister Manfred Rommel (CDU) das Vorwort und formulierte in seiner unnachahmlichen Art: „Werner Ludwig war 28 Jahre lang Oberbürgermeister der Stadt Ludwigshafen. So etwas hält man nur aus, wenn man wirklich gut ist. Und das trifft auf Werner Ludwig zu.“

Kein anderes Stadtoberhaupt hat Ludwigshafen im 20. Jahrhundert so eindrücklich seinen Stempel aufgedrückt. Die „Ära Ludwig“ hat fast legendäre Züge.

Bevor der erst 39 Jahre alte promovierte Jurist am 1. Juli 1965 vom Ludwigshafener Stadtrat mit 30:20 Stimmen zum

Werner Ludwig in seinem Dienstzimmer, damals noch im Stadthaus Süd, 1965.

neuen Oberbürgermeister gewählt wurde, hatte er bereits eine bewegte Vergangenheit hinter sich.

Der am 27. August 1926 in Pirmasens geborene Werner Ludwig entstammt einer sozialdemokratisch geprägten Familie. Sein Vater wurde 1932 in den bayerischen Landtag gewählt und nach der nationalsozialistischen Machtübernahme mehrmals verhaftet. Im August 1933 floh die Familie über die französische Grenze nach Sarregemines, 1939 weiter nach Metz. Bei der deutschen Besetzung Frankreichs kam es zu einer dramatischen Flucht der Familie nach Südwestfrankreich. Trotz der drohenden Verhaftung besuchte Werner Ludwig bis 1944 ein französisches Gymnasium und begann nach der Befreiung 1944 ein Jurastudium in Toulouse, das er 1947 in Paris abschloss. Im gleichen Jahr kehrte er nach Deutschland zurück, trat der SPD und der Gewerkschaft bei, nahm sein Jurastudium in Mainz wieder auf, machte die juristische Staatsprüfung, wurde Referendar, heiratete, promovierte und trat schließlich 1956 seinen Dienst bei der Stadt Ludwigshafen als Leiter des

Letztes Bild aus der Heimat, 27. August 1933: der kleine Werner mit Cousine Wilma, rechts dahinter Werners Mutter und seine Tante Frieda.

Ausgleichsamtes und Justiziar des Sozialdezernats an. Für einen 29-Jährigen ein bemerkenswerter beruflicher Aufstieg – der waschechte Pfälzer Werner Ludwig war in seiner Stadt angekommen. 1958 erfolgte die Ernennung zum Beigeordneten als Sozial- und Wohnungsdezernent, 1963 wurde er Landtagsabgeordneter in Mainz, war dort Vorsitzender des Sozialpolitischen Ausschusses und legte sein Landtagsmandat nach der Wahl zum Ludwigshafener Stadtoberhaupt nieder. Die erste Wiederwahl erfolgte 1974, die zweite 1984.

In seinen Lebenserinnerungen erzählt er vom „Beginn meiner politischen Laufbahn“: In den unruhigen Zeiten vor 1933 hatte ihn sein Vater zu einer politischen Versammlung mitgenommen, in der es hoch herging. Der Knirps Werner sprang vom Stuhl auf den Tisch, schwang die Versammlungsglocke und rief aus voller Kehle: „Jetzt seid emol ruhig, ihr Lumbezeich und hört meim Vadder zu!“

Die parteipolitischen Geplänkel zwischen der im Stadtrat oppositionellen CDU und der mit absoluter Mehrheit regie-

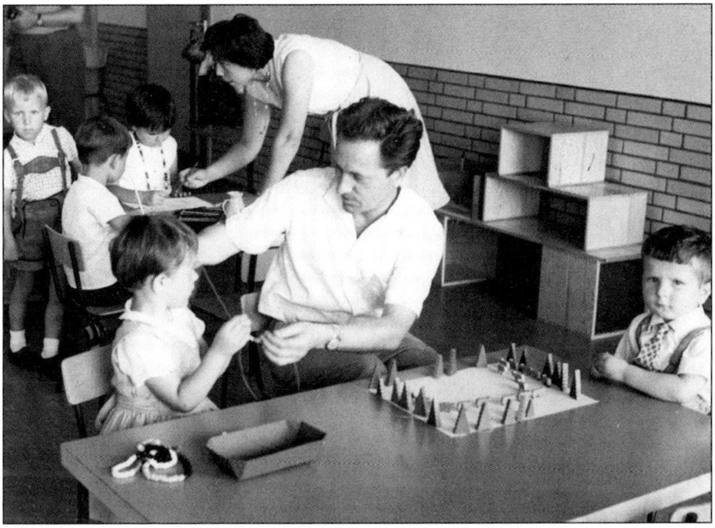

Sozialdezernent Werner Ludwig beim Besuch eines Kindergartens.

renden SPD, insbesondere zwischen Dr. Werner Ludwig und dem Vorsitzenden der CDU-Stadtratsfraktion Dr. Helmut Kohl, dem späteren Ministerpräsidenten und Bundeskanzler, sind in Ludwigshafen ebenfalls legendär. Man kämpfte mit harten Bandagen.

Als Ludwigs Vorgänger, Oberbürgermeister Dr. Hans Klüber, 1962 bei der Feier zu seinem 60. Geburtstag erklärte, er wolle mit Vollendung seines 62. Lebensjahres in Ruhestand gehen, vollzog sich in der Ludwigshafener SPD ein Generationswechsel. Werner Ludwig wurde SPD-Spitzenkandidat und gewann die Kommunalwahl 1964 mit über 58 % der Stimmen.

Die fast drei Jahrzehnte währende Amtszeit von Dr. Werner Ludwig stand unter dem Motto: „Wege zu einer menschlichen Stadt." Durch eine Fülle von Baumaßnahmen veränderte sich die Stadt in allen Bereichen, denn die wirtschaftliche Lage war günstig, die Steuereinnahmen sprudelten. Ludwigshafen wurde zu einer der reichsten Städte Deutschlands. Von seinen legendären öffentlichen Stammtischrunden erzählen die älteren Bürger noch heute. Die Leute merkten: „Das ist einer von uns. Der hört uns zu. Der versteht unsere Sorgen und Nöte. Das ist einer, der auf dem Boden geblieben ist."

Die „Intimfeindschaft" zwischen den beiden ungleichen Ludwigshafenern Dr. Ludwig und Dr. Kohl wich nach vielen Jahren gegenseitigem Respekt. Als die Stadt für Bundeskanzler Helmut Kohl zu dessen 60. Geburtstag einen Empfang ausrichtete, sagte Werner Ludwig in seiner Ansprache: „Mit zunehmender Entfernung ist unser Verhältnis immer besser geworden.", und löste damit nicht nur beim Geburtstagskind Helmut Kohl große Heiterkeit aus. Und als 1993 Werner Ludwig die Ehrenbürgerschaft der Stadt Ludwigshafen verliehen wurde, schloss Helmut Kohl seine Laudatio mit den Worten: „Die Pfalz hat ihm viel zu verdanken."

Episoden aus dem Leben Werner Ludwigs

Das Foto auf dem Nachttisch

Als Ludwig noch Sozialdezernent war und im Don-Bosco-Haus in der Hemshofstraße residierte, hörte er unterhalb seines Fensters eines Tages Gesang mit Gitarrenbegleitung. Unten stand die Hemshof-Friedel und trällerte selbst verfasste Liedtexte, in denen auch der Sozialdezernent sein Fett wegbekam.

Irgendwann sprach die Friedel dann bei ihm persönlich vor und berichtete weinend: „Ach, Herr Ludwisch, mir hawwe se mei Gitarr g'stohle und jetzt kann ich nimmer singe! Es Geld für a neie reicht mer net!" Wie viel ihr denn noch fehlte, fragte Ludwig. Die Friedel nannte einen Betrag, Ludwig griff in die

Die Hemshof-Friedel mit ihrer neuen Gitarre. Werner Ludwig setzt gerade sein Autogramm. Rechts Ehefrau Lucia, hinten links Rheinpfalz-Redakteur Müller-Kattwinkel.

Hosentasche, nahm seinen Geldbeutel und überreichte der Unglücklichen den genannten Betrag.

„Seitdem", erzählt Werner Ludwig, „sang die Hemshof-Friedel nur noch Loblieder auf mich." Doch damit nicht genug. Als Fernsehjournalisten in der Hemshöfer Wohnung der Friedel Filmaufnahmen machten, entdeckten sie auf ihrem Nachttisch ein Foto von Werner Ludwig – sie hatte ihren Wohltäter offenbar fest ins Herz geschlossen.

Zwischenfall im Aufzug

Als der Oberbürgermeister Dr. Werner Ludwig im Rathaus-Center mit dem Aufzug nach oben fuhr und dieser wieder einmal stecken blieb, öffnete sich die Tür an irgendeinem Stockwerk um einen Spalt. Eine draußen stehende städtische Mitarbeiterin spähte in die Kabine und erkannte ihren Chef. Sie warf ihm ein Bonbon hinein und sagte: „Damit Sie da drin nicht verhungern müssen, Herr Oberbürgermeister."

Später erfuhr er, dass die Werferin sich ängstigte, er hätte sie womöglich erkannt und würde ihr die Bemerkung übel nehmen. Doch dies war nicht zu befürchten. Keiner hat darüber mehr gelacht als der Oberbürgermeister selbst.

Die Sache mit der toten Katze

An einem schönen Sonntagvormittag wurde Dr. Ludwig von einer älteren Dame angerufen. „Herr Oberbürgermeister", tönte sie, „sorgen Sie doch bitte dafür, dass die tote Katze, die ich von meiner Wohnung aus im Fuhrpark liegen sehe, endlich weggeräumt wird! Sie liegt dort schon fast vierzehn Tage herum, ohne dass sich jemand darum kümmert!" Der Angerufene fragte: „Haben Sie schon einmal beim Fuhrpark angerufen?" Die Dame erwiderte: „Also wissen Sie, ich habe gedacht, ich gehe nicht erst zum Schmidtchen, ich gehe gleich zum Schmidt!"

Der „Schwarze Riese" aus Ludwigshafen

Zum zweifellos bekanntesten Ludwigshafener wurde ein Mann, der am 3. April 1930 in Ludwigshafen das Licht der Welt erblickte: Altbundeskanzler Helmut Kohl. Der heimatverbundene Pfälzer hat, wie es einmal der „driwwe" erscheinende „Mannheimer Morgen" so treffend ausdrückte, „wie kaum ein anderer Politiker vor ihm, seine Heimat, deren Kultur und Gastronomie international derart beharrlich in Szene gesetzt." In der Tat: Unter ihm rückte der Ludwigshafener Stadtteil Oggersheim für viele Jahre in den Fokus der Weltpolitik.

Helmut Kohl war der Sohn des Ludwigshafener Finanzbeamten Hans Kohl. Seine Mutter stammte aus einer Friesenheimer Lehrerfamilie. Im Haus des Großvaters mütterlicherseits, in Ludwigshafen-Friesenheim, wuchs er auf, besuchte die Friesenheimer Rupprechtschule, züchtete mit Eifer Kaninchen und Seidenraupen, trieb sich auf den Friesenheimer Straßen mit den zahlreichen Nachbarskindern herum, spielte Fußball im Verein und genoss die gute Küche seiner Mutter. Jenes kleinbürgerliche Milieu prägte den jungen Helmut Kohl. „Mein Elternhaus", so liest man in seinen Erinnerungen, „war ... katholisch ..., aber gleichzeitig liberal ... und gemäßigt national, ohne je der Gefahr zu unterliegen, in nationalsozialistisches Fahrwasser zu geraten ..."

Helmut Kohl als Volksschüler in Friesenheim, um 1936.

Als am 1. September 1939 der Zweite Weltkrieg begann, war für Helmut Kohl die glückliche Kindheit zu Ende. Vater und Bruder Walter wurden zur Wehrmacht eingezogen. Der Bruder fiel als gerade Achtzehnjähriger 1944, ein Trauma, das den jungen Helmut Kohl ein Leben lang begleiten sollte.

Ab 1942 wurde der erst Zwölfjährige mit seinen Mitschülern von der Oberschule in der Jägerstraße in einen der Schülertrupps eingeteilt, die nach jedem Luftangriff beim Aufräumen und Bergen der Verwundeten und Toten Hilfe leisten mussten. Kurz vor Kriegsende wurde er mit seiner Schulklasse nach Oberbayern in ein Militärlager transportiert, in dem die Minderjährigen vormilitärisch gedrillt wurden, um bald zum „letzten Gefecht" eingesetzt zu werden. Dies ist den Heranwachsenden dann zum Glück erspart geblieben, was Kohl später als „Die Gnade der späten Geburt" bezeichnete. Auf abenteuerlichen Wegen floh er aus dem Lager, fürchtete in den letzten

Karikatur in der Rheinpfalz von 1963: Die Lokalmatadoren H. Kohl und W. Ludwig im Wahlkampf.

Kriegstagen mehrfach um sein Leben und erreichte schließlich auf Umwegen seine in Trümmern liegende Heimatstadt Ludwigshafen.

Schon der Gymnasiast Helmut Kohl zeigte Eigenschaften, die ihm beim späteren politischen Aufstieg in höchste Ämter zumindest nicht hinderlich waren. So erinnerte sich sein damaliger Religionslehrer, der Klassensprecher Kohl sein „ein großer Organisator ... und ein streitbarer, furchtloser Debattenredner" gewesen, der sich auch einmal mit dem kommunistischen Mathematiklehrer wegen dessen Kasernenton angelegt habe.

Noch als Schüler wurde er Mitglied der neu entstandenen CDU. Nach dem Abitur 1950 studierte er Geschichte, Rechtswissenschaft und Staatswissenschaften in Frankfurt, später in Heidelberg, promovierte 1956 zum Dr. phil. und arbeitete bis 1969 als Referent beim „Verband der chemischen Industrie in Rheinland-Pfalz".

Während seiner beginnenden politischen Laufbahn erregte er immer wieder Aufmerksamkeit, weil er stets der Jüngste war: mit 23 Jahren im Vorstand der pfälzischen CDU, mit 29 Abgeordneter des rheinland-pfälzischen Landtags, mit 39 Ministerpräsident und mit 52 Bundeskanzler. In seinen frühen, kommunalpolitischen Jahren galten er und seine jungen Mitstreiter innerhalb der Ludwigshafener CDU als unbequeme „junge Wilde" und „Revoluzzer". Bis heute wird sich Kohl, der in seinem Haus in Oggersheim seinen Lebensabend verbringt, an seine „wilden Jahre" erinnern, wie etwa an die handgreifliche Auseinandersetzung mit SPD-Plakatklebern in den 50er-Jahren, bei der die Fäuste flogen und der junge Kohl an vorderster Front mit dabei war.

Großes Spenderherz und sanitäres Missverständnis

Ein „Kunsttempel" für die Stadt

Das Wilhelm-Hack-Museum zwischen Heinigstraße und Berliner Straße hat die Industriestadt Ludwigshafen weit über die Stadtgrenzen hinaus bekannt gemacht.

Die Kunst hatte hier für viele Jahrzehnte keine Heimstatt. Eine städtische Kunstsammlung war zwar vorhanden und seit den 1950er-Jahren durch den Ankauf von Kunstwerken immer wieder ergänzt, ein von der Stadt besoldeter Kunstexperte aber nie eingestellt worden. Erst ab 1966 leistete sich die Stadt eine

OB Werner Ludwig und Wilhelm Hack vor dem Modell des Wilhelm-Hack-Museums. Links Hanns Astheimer, rechts Dr. Manfred Fath.

eigene Behörde für die Städtische Kunstsammlung und einen Kunsthistoriker zu deren Betreuung. Eine Kunsthalle wie in Mannheim gab es allerdings nicht. Ausstellungen wurden im Reichert-Haus improvisiert.

Anfang der 70er-Jahre erhielt die Stadt völlig unerwartet die Möglichkeit, dies zu ändern. Der wohlhabende Kölner Kaufmann und Kunstsammler Wilhelm Hack suchte eine Kommune, die seiner Sammlung einen würdigen Rahmen schaffen und der er dafür seine Sammlung als Schenkung übertragen würde.

Ludwigshafen erkannte die Chance und griff zu. Die Schenkungsurkunde wurde schon 1973 unterzeichnet. Die übereignete Kunstsammlung hatte damals einen Schätzwert von fast 30 Millionen Mark.

Nach vierjähriger Bauzeit konnte der Neubau 1979 bezogen werden. Eine Million DM hatte die BASF zum Bau zugeschossen und förderte den neuen „Kunsttempel“ auch weiterhin mit finanziellen Mitteln. Das in der Kunstszene oft nur „das Hack“ genannte Gebäude erlebte in den folgenden Jahren eine kulturelle Sternstunde nach der anderen. Allein die Chagall-Ausstellung im Jahre 1989 hatte über 100 000 Besucher.

Was wäre das „Hack“ ohne die berühmte Miro-Wand? Wie es zu dieser Wand kam, die ein gigantisches Kunstwerk für sich ist und die gesamte Fassade nach Südosten hin umfasst, ist schnell erzählt.

Das mit dem Bau beauftragte Architekturbüro war im Laufe der Bauzeit wegen der vielen nicht berücksichtigten zusätzlichen Installationen gezwungen, eine 55 Meter lange, fensterlose Wand auf zehn Meter zu erhöhen. Allen Beteiligten war klar, dass eine derart riesige Wand kein schöner Anblick sein würde. Aus dieser Not heraus reifte die Idee, den spanischen Künstler Joan Miró dazu zu gewinnen, die Wand zu gestalten. Wilhelm Hack selbst stellte den Kontakt zum Künstler her, der dem Gebäude erst sein unverwechselbares Gesicht geben sollte. Miró machte einen Entwurf und entschied sich für eine Verkleidung mit Keramikkacheln, die ein riesiges Gesamtkunstwerk bildeten. Er selbst war allerdings schon zu krank, um selbst mit Hand anzulegen und überließ Joan Gardy Artigas Ausführung und Anbringung der insgesamt 7200 farbigen Kacheln.

Ende 1979 war das Kunstwerk vollendet und wurde trotz anfänglicher Skepsis der Ludwigshafener bald zu einem der Wahrzeichen der Stadt. Joan Miró starb knapp sechs Jahre später im gesegneten Alter von 92 Jahren.

Bei der Einfuhr der vielen Kacheln von Spanien nach Deutschland hatte es übrigens Probleme gegeben, weil der Zoll sie als „Sanitärverkleidung“ einstufte und mit einem hohen Zollzuschlag belegen wollte. Schließlich wurden sie aber von der Koblenzer Finanzdirektion als das erkannt, was sie waren, ein Kunstwerk nämlich.

Dass im Wilhelm-Hack-Museum im Jahre 2000 auch eine Miró-Ausstellung ein Publikumserfolg wurde, bedarf eigentlich keiner Erwähnung mehr.

Die Miro-Wand heute.

Der gute Mensch vom Hemshof

Dass ein traumatisches Erlebnis in der Kindheit das spätere berufliche und politische Leben eines Menschen bestimmen kann, zeigt sich bei Günther Janson, dem langjährigen ehemaligen Ludwigshafener Bürgermeister und Sozialdezernenten.

Günther Janson

Günther Janson stammte aus einer sozialdemokratisch geprägten Oppauer Familie. Beim Machtantritt der Nationalsozialisten war er 13 Jahre alt und wurde Augenzeuge eines brutalen, politisch motivierten Mordes. Bei den kurz nach Hitlers Machtübernahme durchgeführten Reichstagswahlen hatten die Oppauer Sozialdemokraten trotz aller Schikanen vonseiten der neuen Machthaber die Hitlerpartei weit hinter sich gelassen.

Am 10. März 1933 kam es wie in allen deutschen Rathäusern zum Eklat: Um 7 Uhr morgens stürmten bewaffnete SA- und SS-Männer das Oppauer Rathaus und hissten aus dem Fenster der Polizeistation die Hakenkreuzfahne. Die ungesetzliche Aktion sprach sich in Oppau schnell herum, sodass viele Bürger zum Rathaus eilten, auch der kleine Günther Janson und der Ortsbürgermeister Dr. Rudolf Zorn. Der Bürgermeister, der viele Jahre später bayerischer Wirtschafts- und Finanzminister wurde, forderte die Eindringlinge mehrmals energisch aber vergeblich auf, die Fahne einzuholen und versuchte, die Fahnenstange aus dem Fenster zu stoßen.

Da trat plötzlich aus der Menschenmenge vor dem Rathaus der Oppauer Georg Hüter hervor, erklomm die Rathaustreppe, streckte sich und versuchte, die Fahne herunterzureißen. In diesem Augenblick fielen drei Schüsse.

In seinen Lebenserinnerungen hat Janson später geschrieben: „Voller Entsetzen sah ich Georg Hüter getroffen zusammensinken, sah sein schnelles, lautloses Sterben. Dieser Tod für

Georg Hüter

Freiheit und Demokratie hat mein Leben geprägt, mein späteres politisches Leben bestimmt."

Nach dem Verbrechen vor dem Oppauer Rathaus rannte er damals nach Hause und weinte sich bei seiner Mutter aus. Am gleichen Vormittag erlebte er die Verhaftung seines Lehrers Fridolin Braun, der während der Großen Pause auf dem Schulhof von Nazi-Schergen ergriffen und abtransportiert wurde, nachdem er sich noch von seiner Klasse hatte verabschieden dürfen. Für die antifaschistische Familie Janson folgten schwere Jahre. Sein Vater wurde verhaftet und erst nach vielen Wochen freigelassen.

Der junge Günther Janson machte in der Oppauer Druckerei eine Lehre als Schriftsetzer. 1940 wurde er zur Wehrmacht eingezogen und geriet schwer verwundet kurz vor Kriegsende in russische Kriegsgefangenschaft, aus der er 1946 krank in seine Heimatstadt zurückkehrte.

Nach dem Krieg engagierte er sich in Oppau in der SPD. Ab Ende 1946 war er als städtischer Abteilungsleiter für die Unterbringung der Heimatvertriebenen, Flüchtlinge und für die Rückführung der Evakuierten zuständig und unermüdlich auf den Beinen, um die große Wohnungsnot zu lindern. 1959 wurde er zum Leiter des städtischen Wohnungsamtes ernannt, zehn Jahre später schließlich zum Bürgermeister und Sozialdezernenten gewählt.

In allen seinen Ämtern genoss Janson bei den Ludwigshafenern einen hervorragenden Ruf. Er war der „Bürgermeister, mit dem man redde kann". Viele Bilder von damals in der „Rheinpfalz" zeigen ihn inmitten von Bewohnern der Problemgebiete, umringt von Greisen in einem Altenheim oder auf dem Boden sitzend mit Knirpsen einer Kindertagesstätte. All dies wirkte nicht aufgesetzt, es war echt und kam von innen: Hier war ein Kommunalpolitiker, der sich für die Schwachen und zu kurz Gekommenen einsetzte, aus Überzeugung und Menschenliebe.

Als die Stadtverwaltung ins neue Rathaus-Center umzog, ließ er verlauten: „Ich schaff' lieber im Hemshof als im gläsernen Rathaus. Dort bin ich näher bei den Menschen."

Günther Janson, der Jahrhundertzeuge, starb 1999. Er wurde 79 Jahre als. Den Ludwigshafenern wird er als „der gute Mensch vom Hemshof" in Erinnerung bleiben.

Günther Janson beim Besuch einer Kinderkrippe.

„Ramosa ist famosa!“ ...

Dieser Ausruf steht im allerersten Gästebuch des Schullandheims Ramsen im Pfälzer Wald, das im Jahre 2009 auf eine 100-jährige Geschichte zurückblicken kann.

Schon um 1900 schickte die Industriestadt am Rhein bedürftige Kinder in Erholung. In Gruppen fuhr man sie in Dörfer im Pfälzer Wald, wo sie in guter Luft mit nahrhafter Kost aufgepäppelt wurden.

Im Jahre 1907 erwarb die Stadt im Dorf Ramsen, am südlichen Waldrand über dem Eisbachtal, in idyllischer Lage, ein großzügiges Fachwerkgebäude mit weitem Areal. Nach Umbau und Renovierung war das Ludwigshafener Kinderferienhaus bezugsfertig. Die Einweihungsfeier fand am 27. Juli 1909 statt.

Zwei Weltkriege und Notzeiten sorgten für seine wechselvolle Geschichte: Von 1914–1918 diente das Gebäude als La-

Gesamtansicht des Schullandheims Ramsen in den 50er-Jahren.

zarett für verwundete Frontsoldaten. Durch den Einbau einer Heizanlage konnte das Kindererholungsheim nach dem Ersten Weltkrieg auch in den Wintermonaten genutzt werden.

Die Idee, das Haus in ein Schullandheim umzuwandeln, geht auf den Stadtschulrat Nessel zurück. Seine im Jahre 1934 vorgetragenen Wünsche an die Stadtverwaltung wurden allerdings wegen finanzieller Engpässe ad acta gelegt. Während des Zweiten Weltkrieges war die Einrichtung für Ludwigshafener Jungen und Mädchen Erholungsort im Rahmen der staatlichen „Kinderlandverschickung".

Nach Kriegsende beschlagnahmte die französische Besatzungsmacht das Gebäude. Später brachte die Gemeinde Ramsen hier Flüchtlingsfamilien unter.

Dann schlug die Stunde für Stadtschulrat August Schäfer. Seine Initiative, aus der Einrichtung ein „Schullandheim für Ludwigshafener Volksschulen" zu machen, war erfolgreich. Am 4. Mai 1957, also genau fünfzig Jahre nach dem Ankauf, wur-

Einer der Schlafsäle.

de das Schullandheim Ramsen feierlich seiner Bestimmung übergeben. Die ersten zwei Schulklassen, die hier vom Einweihungstag bis zum 22. Mai mit ihren Klassenlehrern Ritter und Bayer wohnten, lernten und spielten, kamen aus der Wittelsbach- und der Rupprechtschule.

Im Haus, das erst viel später einen großzügigen Anbau erhielt, gab es einen Speiseraum, zwei Schulräume und vier Schlafsäle mit je 25 Betten. In der Mitte lagen die Schlafräume für die Lehrer und die Wohnung der Heimleiterin. Eine heute grotesk wirkende Besonderheit: Die Lehrerschlafzimmer hatten ein Fensterchen, durch das ein in seiner wohlverdienten Nachtruhe gestörter Pauker schon einmal ein allerletztes Machtwort brüllen konnte.

Die erste Heimleiterin war Frau Folz, die 1968 von Frau Brocktötter abgelöst wurde. An diese beiden Damen erinnern sich heute noch tausende ehemaliger Ludwigshafener Schüle-

Küchendienst im Schullandheim.

rinnen und Schüler, waren sie doch deren Augen und Ohren ausgeliefert, denen selten etwas entging.

Fast von Anfang an dabei war Hausmeister Seisler, der hcute nur ein paar Häuser bergab von seiner alten Wirkungsstätte seinen Lebensabend verbringt.

Die pädagogischen Ideen der „Landschulheimbewegung" zielten auf das Gemeinschaftserlebnis und das Lernen in der Natur. Einen weiteren, nicht unwesentlichen Aspekt des Schullandheims Ramsen brachte ein Lehrer namens Schmitt von der Rupprechtschule am Tag der Abreise am 3. Juni 1960 auf den Punkt. Er schrieb ins Gästebuch: „Wir wünschen unseren Jungen, daß sie auch später immer so treu umsorgt sein mögen und wie hier in Ordnung und Sauberkeit leben können. Es bleibt zu hoffen, dass die Kinder und deren Eltern die Hingabe und Mühe zu würdigen und zu danken wissen."

Klassenfoto aus den 50er-Jahren.

Das Ramsener Gästebuch: eine wahre Fundgrube

Beim Blättern in den alten Gästebüchern des Schullandheims Ramsen stößt man immer wieder auf kalligrafische Einträge, kunstvolle Bilder und so manche lustige Begebenheiten.

Die kleinen und größeren Wanderungen in der Umgebung sind natürlich immer wieder ein Thema. Der Rosenthaler Hof mit der Klosterruine und dem Hofgut, die Burgfeste Stauf, der Stumpfwald und der Eiswoog waren die häufigsten Ziele. Manch eine Schulklasse schreckte auch der beschwerliche Weg über Berg und Tal bis hinauf zum Ludwigsturm auf dem Don-

Idylle unter Bäumen.

nersberg, den „Mount Everest" des Nordpfälzer Berglandes nicht, was oft nicht ohne Blessuren abging. Treffend reimten dazu einmal Achtklässler: „Unser längstes Tagewerk, war der Weg zum Donnersberg."

Immer wieder wird die emsige Heimleiterin lobend erwähnt, die die Kinder bei größeren und kleineren Wehwehchen liebevoll verarztete und auch sonst für alle Kümmernisse ein offenes Ohr hatte und tröstliche Worte fand. Gepriesen wird auch das Küchenpersonal für das gute Essen. Einmal heißt es: „Die Küche, die war ganz famos, uns passt jetzt weder Rock noch Hos!"

Auf den im Flur stehenden berüchtigten riesigen Teetopf mit Schöpfkelle, die später durch einen Spundhahn ersetzt wurde, aus dem man sich im Sommer auch mal vor dem Haus

Trink, trink, Schwesterlein trink!

laben konnte, verfasste eine Schulklasse sogar ein Trinklied, in dem es heißt: „Trink, trink, Brüderlein trink! Tee gibt's genug ja im Heim!" Und ein noch nicht ganz rechtschreibsicherer Oggersheimer Bub schrieb mal nach Hause: „Waschen mus mann sich oft, wir tuten das doch immer nur Sonntags. Das Gesicht von dem Leerer ist manchemal böß! Sag mal, Mutti, müssen die das? Geld, du freust dich wenn ich wieder zu Dir komme? Stehle mir bitte ein Hähnchen bereit! Dein Otto."

Das Schullandheim Ramsen sorgt bis heute dafür, dass Ludwigshafener Schülerinnen und Schüler hier frohe Tage verbringen. Längst sind die vier Schlafsäle in Sechs-, Vier-, und Zweibettzimmer unterteilt. Und die Guckfensterchen gibt's auch nicht mehr. Der Ruf „Jetzt ist aber Ruh'!" schallt aber immer noch durch das nächtliche Heim.

Manni am Band

Ludwigshafen, Bahndamm Südseite. Fabrikgelände. Schlote ragen in den Himmel. Mittelständische Betriebe stehen hier, chemische und andere, alteingesessen, wie man so schön sagt. Hier ist Mannis Arbeitsplatz. Sein Betrieb sieht aus wie ein riesiges, futuristisches Kunstwerk: eine himmelblau lackierte Schredderanlage.

Manni heißt eigentlich Manfred, Manfred Debus. Aber er ist, so lange er denken kann, „der Manni". Er ist 53 Jahre alt und hat vor 34 Jahren hier angefangen, erst probeweise. Manni war nie arbeitslos. Darauf ist er stolz. Er hat nie von der Stütze gelebt, so wie viele seiner Nachbarn drüben auf der anderen Seite des Bahndamms in einem der Wohnblocks mit den zugestellten Balkons und Satellitenschüsseln – Sozialwohnungen, die bald renoviert werden sollen.

Wenn er morgens die Wohnung verlässt, ist es ganz still im Haus. Es ist kurz nach halb sieben. Manni muss sich beeilen. Zu spät kommen oder sich krank melden – unvorstellbar! Er hat noch keinen Tag gefehlt. Im vorletzten Winter hatte es ihn böse erwischt: die Mandeln vereitert, Fieber, schwerer Brummschädel. Manni hat sich durchgebissen, das Wochenende im Bett verbracht, viel heißes Wasser getrunken und alles ausgeschwitzt. Am Montagmorgen stand er wieder an seinem Arbeitsplatz.

Der ist hoch oben am Ende des Förderbandes, das die geschredderten Autobestandteile heranschafft. Hier liest Manni mit einem Kollegen die verbliebenen, nichtmetallischen Fremdstoffe heraus und wirft sie in den unten stehenden Container.

Die beiden Männer arbeiten im Freien, nur durch ein Wellblechdach vor Sonne und Regen geschützt. Im Sommer ist es heiß, im Winter oft bitterkalt, wenn der Wind eisig weht und der schräg anpeitschende Regen alles klamm macht. Es ist ein lauter Arbeitsplatz. Unten dröhnt und kracht es, wenn der Greifer das nächste Auto packt, in die Mulde wirft und zu einem Quader zusammenpresst. Dann beginnt das Zerkleinern im unsichtbaren Bauch der Anlage, wo stählerne Messer den Block unter ohrenbetäubendem Lärm in Stücke häckseln und ein Gebläse die unbrauchbaren Teile aufwirbelt und wegleitet. Alles Übrige kommt auf dem Förderband an den beiden Arbeitern vorbei, die alle noch verbliebenen Nichtmetalle herauslesen. Der Rest fällt hinunter auf den Lagerplatz, wo sich ein ganzer Berg aufgeschichtet hat. Ein Kran lädt den Schrott auf Lastwagen und Güterwaggons, die Kurs nehmen zu den Hochöfen im Ruhrgebiet und anderswo. Der Stahlhunger ist gewaltig.

Vier Arme arbeiten im gleichen Takt. Wenn einer etwas sagt, muss er schreien. Am schönsten ist es, wenn ein Geldstück vorbeikommt. 5-Mark-Stücke und 2-Euromünzen sind die Glückstreffer. „In jedem Auto ist Geld", sagt der Boss. Wer's find', dem gehört's." So ist er, der Chef.

8 Euro 90 die Stunde – brutto. Plus das gefundene Münzgeld als unversteuerte Zulage. Die Münzen klimpern in der Hosentasche. Auch wenn er damit nicht reich werden kann, Manni ist zufrieden. Von Montag bis Freitag immer das Gleiche. Einmal ist etwas passiert, und er hat's schon oft erzählen müssen. Fünf Männer und eine Frau fuhren mit einer riesigen Limousine vor und verlangten, dass der Wagen sofort vor ihren Augen geschreddert werde. Der Chef wurde geholt. Erst nach langem Palaver im Büro ließ er sich überzeugen. Die Leute waren Roma, und das Auto hatte dem gerade verstorbenen Sippenoberhaupt gehört. Dessen persönlicher Besitz hatte nach Stammessitte nun ebenfalls das Zeitliche zu segnen. Es brach Manni fast das Herz, als der Greifer den chromblitzenden Wagen packte und krachend in die Mulde stürzte. Die Roma bekreuzigten sich. Diesen Augenblick wird er nie vergessen.

Nach Feierabend sitzt er mit den anderen geduscht und frisch rasiert in der Betriebsbude. Auch der Chef ist gekommen. Draußen verlassen die letzten Lastwagen das Betriebsgelände. Der Maschinist bespricht mit dem Chef ein technisches Problem, das heute aufgetreten ist. Millionen hat die Anlage gekostet, Millionen. Das weiß Manni und sagt es jedem, der es hören will.

„Tschüss, Manni, bis morgen!“ Schulterklopfen vom Boss und den Kollegen. Manni macht sich auf den Heimweg. Wie immer zuerst zum Kiosk, wo einige seiner Nachbarn ihr Bier trinken. „Hei, Manni!“ „Na, ihr alten Säufer!“ Gelächter. Manni holt sich eine Flasche und gesellt sich zu ihnen. Kalt und würzig rinnt ihm der Gerstensaft die Kehle hinunter. Das tut gut. „Flüssiges Brot!“ ruft einer. Erneutes Gelächter.

Zu Hause betritt er seine Wohnung. Keiner da. Er macht Kaffee, sitzt im Sessel und legt die Beine hoch. „Alles ist gut.“ Bald ist wieder Sommer. Dann wird er, wenn er frei hat, am Backsteinweiher sitzen und angeln – ganz allein, weit weg von den Bahngleisen, den Wohnblocks, der Schredderanlage. Still ist es dort. Ganz still. Und Manni wird denken: Alles ist gut so, wie es ist.

Weitere Bücher aus dem Wartberg Verlag für Ihre Reg

Hemshof-Boogie und das Prinzip Hoffnung Geschichten und Anekdoten aus dem Ludwigshafen
von Helmut Fiedler
80 S., geb., zahlr. S/w-Fotos
ISBN 978-3-8313-1696-0

Aufgewachsen in Ludwigshafen
in den 40er/50er Jahren
von Erika und Gisela Böhmer
64 S., geb., zahlr. Farbfotos
978-3-8313-1933-6

Aufgewachsen in Ludwigshafen
in den 60er/70er Jahren
von Sybille Schwertner
64 S., geb., zahlr. Farbfotos
978-3-8313-1897-1

Wartberg Verlag GmbH & Co. KG
Bücher für Deutschlands Städte und Regionen
Im Wiesental 1 · 34281 Gudensberg-Gleichen · Telefon (0 56 03) 9 30 50
Fax (0 56 03) 93 05-28 · www.wartberg-verlag.de